Oliver Rinaldi

# Das göttliche Resonanzgesetz

Wäre nicht das Auge sonnenhaft,
die Sonne könnt es nie erblicken.

(Johann Wolfgang von Goethe)

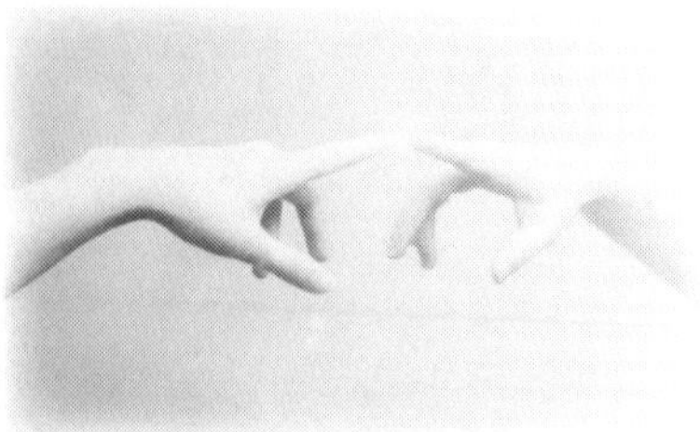

Küsse sind das,
was von der Sprache
des Paradieses
übriggeblieben ist.

(Joseph Conrad)

Oliver Rinaldi

# Das göttliche Resonanzgesetz

## Wünsch es dir - und zwar richtig

Oliver Rinaldi
Das göttliche Resonanzgesetz - Wünsch es dir - und zwar richtig

1. Auflage 2009

63674 Altenstadt
www.grasmueck-verlag.de

Satz und Redaktion: Constanze Grasmück-Sehnert
Umschlaggestaltung: x-presentation, Christine Lanzendörfer
Lektorat: Ursula Gast
Schrift: gesetzt aus der 11/14,7 pt Calisto MT und der Catriel
Druck und Bindung: FINIDR, s.r.o., Czech Republic

Die Deutsche Bibliothek verzeichnet diese Publikation in der Deutschen Nationalbibliographie; detaillierte bibliografische Daten sind im Internet über http://www.dnb.d-nb.de abrufbar.



ISBN: 978-3-931723-41-5

für Luca

# Inhaltsverzeichnis

## Teil 2
## Bewusstsein = bewusst sein

## Vorwort

Ich lade Sie hiermit ein, in das größte Abenteuer Ihres Lebens einzusteigen. Sie werden auf eine Reise gehen, die so unvergleichlich ist und die Ihnen so viel Spaß und Freude bereiten wird, dass Sie sich wünschten, Sie hätten sie schon vor viel längerer Zeit unternommen. Und sich darüber wundern, wie es nur möglich war, dass Sie so lange Zeit blind durch die Gegend gelaufen sind, ohne auch nur zu ahnen, dass man einfach nur die Augen öffnen muss, um zu sehen. Wie dieses Augen öffnen funktioniert, werden Sie auf den nachfolgenden Seiten lernen. Es ist das Einfachste und doch gleichzeitig Schwierigste auf der Welt, auch dieses Paradoxon werden wir aufklären, und Sie werden den Weg zurück ins Paradies mitgehen müssen. Ein Weg zurück zu Ihrem wahren Selbst, zurück zu Ihrer persönlichen Schatzkammer, auch wenn er manchmal beschwerlich scheint, denn es ist einzig und allein Ihre Reise, auch wenn ich in Form dieses Buches immer bei Ihnen bin und Hilfestellung geben kann.

Jeder Mensch verfügt über eine solche Schatzkammer, sie beinhaltet all die verborgenen Anlagen, all das funkelnde und strahlende Potential, das jedem Menschen von Natur aus gegeben ist, das sich jedoch die Wenigsten zunutze machen oder erschließen können. Jeder von uns kennt das Gefühl oder auch das Verlangen, „mehr aus sich machen" zu wollen, jeder kennt das Streben nach Glück, den Wunsch nach einem „erfüllten" Leben, was immer das auch bedeuten mag. Jeder Mensch möchte das Leben verstehen, seinen tieferen Sinn begreifen oder wenigstens sicher sein, dass es einen solchen überhaupt gibt. Jeder Mensch kennt die Verzweiflung, das Ringen um Sinn und Zweck seiner eigenen Existenz, den Kampf gegen die eigenen Ansprüche und die Ansprüche anderer, die Niederlagen und die Niedergeschlagenheit, die auf diese folgen mag. Das alles ist Bestandteil der menschlichen Existenz und Teil des Lebensplanes, gewiss, und doch ist da noch viel mehr. Auch dieses „Mehr“ spüren wir. Wir wissen, dass es vorhanden ist, dass da „mehr“ ist als wir wissen und sehen und verstehen. Und auch danach streben und trachten wir: mehr aus uns zu machen, voranzukommen auf unserem Weg, das Gefühl zu haben, etwas Sinnvolles zu tun, etwas, auf das wir stolz sein können. Wenigstens ein Quantum des Potentials zu erschließen, das in uns allen verborgen liegt. Oder der Ohnmacht und Verzweiflung Herr zu werden, wenn wir das Gefühl haben, dass es uns eben nicht gelingt und einfach alles sinnlos erscheinen mag. Wir sind wie kleine Kinder, die aus dem Paradies vertrieben worden sind, die jetzt da draußen herumirren, jedes für sich, die sich oftmals einsam und manchmal im Stich gelassen und ausgesetzt fühlen und den Weg nicht mehr zurückfinden. Weil wir vergessen haben, wer wir wirklich sind. Weil wir suchen und nicht finden und unbewusst wie ein Stück Holz im Meer der Gedanken und Gefühle treiben. Weil unser Bewusstsein keine Zielrichtung kennt. Weil wir *tun* und nicht *sind* und uns mit illusionären Persönlichkeiten identifizieren. Weil wir uns getrennt und isoliert von der Schöpfung um uns herum empfinden. Diese Sachverhalte zu beleuchten, aufzuklären und Ihnen wirklich nahezubringen, ist Aufgabe und Inhalt dieses Buches. Eine Kernfunktion nimmt dabei das göttliche Resonanzgesetz ein, als Grundlage und Mechanismus für alle kreativen Schöpfungsprozesse.

Im ersten Teil wird das göttliche Resonanzgesetz als solches, werden seine Mechanismen und wie man sich ihrer bedienen kann, detailliert vorgestellt. Im zweiten Teil wird darauf eingegangen, wie man dieses auch bewusst, das heißt möglichst sinnvoll, tut. Je bewusster Sie sich Ihrer selbst sind, desto leichter wird es Ihnen fallen, das Gesetz anzuwenden, desto freudvoller sind Ihre Resultate, desto größer ist der Nutzen, den *alle* daraus ziehen.

Das vorliegende Buch ist vor allem auch als Übungsbuch konzipiert, d.h. ich gebe zu allen elementaren Punkten neben Beispielen aus der Praxis auch Anleitungen für dazu passende und zur Erlangung des gewünschten Ergebnisses hilfreiche Visualisations-Übungen. Das dargebotene Wissen, die aufgezeigten Techniken und begleitenden Übungen entspringen einem ganzen Leben an praktischer Erfahrung im Umgang mit dem Resonanzgesetz. Ich weiß genau, auf was es ankommt, wo die Fallstricke liegen, welche Fehler man gemeinhin macht und wie sie sich vermeiden lassen, um Schritt für Schritt zum Erfolg zu kommen.

Auf diesem wunderbaren Weg wünsche ich Ihnen alle Freude dieser Welt. Denn Ihr Leben ist Ihre Schöpfung. Immer und für alle Zeit.

Oliver Rinaldi, Februar 2009

*Anmerkung der Redaktion:*

*Liebe Leserinnen und liebe Leser!*
*Um den Lesefluss und -genuss nicht unnötig zu beeinträchtigen, hat hier grundsätzlich die Form des grammatischen Maskulin Verwendung gefunden. Natürlich sind immer beide Geschlechter gemeint und angesprochen. An Stellen, an denen es sich gut fügte und es bemerkenswert schien, wurden belebende Ausnahmen gemacht.*

# TEIL 1

# DAS GÖTTLICHE RESONANZGESETZ

# 1. Physikalische Grundlagen oder „alles schwingt“

Das Wichtigste vorweg: Das Resonanzgesetz ist kein esoterischer Humbug, sondern beruht auf physikalischen Gesetzmäßigkeiten. Aus der modernen Quantenphysik wissen wir, dass es in Wirklichkeit keine feste Materie gibt, wie wir sie verstehen oder besser gesagt empfinden. Das, was nach außen hin als fest erscheint, ist es nicht, wenn man nur tief genug hineinblickt in die sogenannte Materie. Materie ist nichts anderes als verdichtete Energie, und Energie ist nichts anderes als Schwingung. Salopp formuliert könnte man tatsächlich sagen, dass *alles* schwingt. Wir selber und alles um uns herum. Wir befinden uns sozusagen in einem Ozean von verschiedensten Schwingungen. Wir selber senden permanent Schwingungen aus, empfangen Schwingungen, ja bestehen aus einem bunten, sich unablässig verändernden Strauß verschiedenster Schwingungen.

Um in diesem Ozean nicht unterzugehen, hat uns die Natur einen wunderbaren Schutzschild mitgegeben, nämlich das Resonanzgesetz, das uns für die meisten dieser Schwingungen unempfindlich macht. Wäre das nicht der Fall, würden wir in kürzester Zeit verrückt. Und so können wir nicht alle Töne hören, nicht alles Licht und alle Farben sehen, sind eben für viele Frequenzen nicht empfänglich, weil die Natur es zu unserem eigenen Schutz so vorgesehen hat. Wir sind wie ein Fernsehapparat, der einerseits auf bestimmte Kanäle nicht eingestellt, andererseits aber auch technisch gar nicht in der Lage ist, bestimmte Kanäle zu empfangen. Technisch-physikalisch gesehen gehen wir nicht in Resonanz, wir schwingen nicht mit.

Andererseits senden wir laufend Schwingungen aus, wissentlich wie unwissentlich. Wenn wir uns zu einem Menschen hingezogen fühlen oder abgestoßen werden, sind Ursache dafür die Schwingungen, die dieser Mensch aussendet. Wir alle kennen das Phänomen, dass sich oftmals ein positives oder negatives Gefühl bereits eingestellt hat, ehe noch dieser Mensch auch nur ein einziges Wort gesagt hat. Und meistens ist es so, dass dieses erste Gefühl sich als richtig erweist. Der erste Eindruck ist entscheidend, heißt es. Oder: Die Schwingung lügt nicht. Niemals.

Die Kunst dabei ist nur, sie bewusst wahrzunehmen, sich bewusst zu werden, was man da fortwährend selber sendet und aufnimmt, die verschiedenen Energien und Qualitäten von Energien wahrzunehmen, die fortlaufend von einem weg oder auf einen zu strömen. Und seine Empfangs- und Sendekanäle entsprechend zu justieren und einzustellen. Das kann man lernen. Man kann lernen, sich abzuschirmen, genauso wie man lernen kann, in Resonanz zu gehen, also mitzuschwingen und sein eigenes Sende- und damit auch Empfangsprogramm bewusst zu gestalten. Und hierin, genau hierin liegt die ganze Kunst und das große Geheimnis.

Bin ich in Resonanz - wissentlich oder auch unwissentlich - zu Hass, Misserfolg, Gewalt und Leid, werde ich auch genau diese Frequenzen anziehen, das heißt konkret: genau diese negativen Energien, die permanent Teil des riesigen Energiefeldes überall um uns herum sind, anziehen und auf mich ziehen. Wie eine Stimmgabel, die auf bestimmte Frequenzen geeicht ist, spreche ich folglich an auf Hass, Misserfolg, Gewalt und Leid. Treffe ich irgendwo auf solch negative Frequenzen (und sie sind überall und immer vorhanden), die meiner „Stimmung“ entsprechen (beachten Sie das Wort!), dann schwinge ich sofort mit. Automatisch und unwillkürlich und meist unbewusst und unwissentlich. Die Wissenschaft definiert „Resonanz“ denn auch völlig zutreffend: „Resonanz ist das erzwungene Mitschwingen eines schwingenden Systems“. Oder, um es dem ursprünglichen Wortsinne nach aufzuzeigen: „re-sonare“ (lat.) = widertönen.

Dieses schwingende System sind wir! Und das heißt für uns im Klartext: Wenn wir entsprechend eingestellt sind, wenn wir die entsprechende Resonanz beziehungsweise Stimmung haben oder uns auf dem passenden Kanal befinden, dann schwingen wir mit, automatisch, ob wir wollen oder nicht. Wir sind in Resonanz. Im Positiven wie im Negativen. Aus dieser Gesetzmäßigkeit, aus diesem „Teufelskreis“ kommt man nicht wieder heraus, und viele fragen sich, warum immer ihnen die gleichen schrecklichen Begebenheiten zustoßen, sicherlich kennen auch Sie solche Menschen, die „vom Unglück verfolgt" sind. Notorische Pechvögel. Nun, sie sind nicht vom Unglück, vom Pech verfolgt - ganz im Gegenteil, sie ziehen es an.

Sprichwörtlich. Wie Kupfer den Blitz anzieht. Unweigerlich. Unausweichlich. Sie fühlen sich als zufälliges Opfer und sind doch nichts anderes als ein riesiger Baum, der auf einer weiten, kahlen Ebene dem blitzezuckenden Himmel offen und einladend zugewandt ist. Um sich dann zu wundern, dass der Blitz immer und immer wieder einschlägt.

Wenn wir den Sender mit den Krimis für Mord und Totschlag einschalten, bekommen wir eben nur Mord und Totschlag geliefert, dann sind wir eben auf Mord und Totschlag geeicht. Wir bekommen immer exakt das Programm, das wir eingeschaltet haben, wundern uns dann aber und beschweren uns über all das, was uns dann „zufällt“. Nichts fällt uns zu, es gibt keine „Zufälle“, wir ziehen es an, das Gute wie das Schlechte. Das, was wir anziehen, „fällt uns zu“, nichts anderes. Je nachdem wie man sein Programm ausgewählt hat, welcher „Stimmung“ man ist, für welche Resonanzen man empfänglich und offen ist, fallen einem die Dinge zu. Das ist der sogenannte allmächtige, unberechenbare „Zufall", dem man sich so ohnmächtig ausgeliefert fühlt, nichts anderes.

Der Volksmund weiß schon lange um diese Zusammenhänge, auch wenn vielleicht der wissenschaftliche Hintergrund gefehlt hat, doch die Erkenntnis ist deswegen nicht weniger richtig: *„Wie man in den Wald hineinruft, so schallt es auch heraus." „Es kommt immer alles auf einen selbst zurück." „Gleich und Gleich gesellt sich gern." „Ein Unglück kommt selten allein." „Geld zieht Geld an."* Oder weniger vornehm ausgedrückt: *„Der Teufel scheißt immer neben den größten Haufen."*

Aber wie kommt man zu diesem Haufen? Warum werden denn die Armen immer ärmer und die Reichen immer reicher? Warum ist denn gerade die erste Million die schwerste? Warum fällt man immer weiter, wenn man sich erst einmal auf dem absteigenden Ast befindet? Warum fühlen sich verwahrloste Menschen von verwahrlosten Gegenden angezogen? Warum entstehen dort, wo Müll hingeworfen wird, in kürzester Zeit Müllberge? Wehret den Anfängen, heißt es so schön, doch damit ist es erfahrungsgemäß nicht getan, denn es wird wieder und wieder und wieder anfangen.

In den USA hat man interessante Versuche mit Häusern und Wohnungen gemacht, die von ihren Bewohnern vollkommen verwahrlost wurden. Man ersetzte die zersprungenen Scheiben durch neues Glas, strich die Fassaden, Wände und Türen, transportierte den gesamten Unrat ab, putzte und schrubbte, bis alles strahlte und wunderbar roch. Ein Paradies für seine Bewohner, die zudem mit frischer und neuer Kleidung ausgestattet wurden. Die Verantwortlichen erhofften und erwarteten sich dadurch einen positiven Einfluss auf die Mieter und die gesamte Umgebung und Nachbarschaft. Man rechnete damit, dass diese ihr Verhalten änderten und sich der neuen, angenehmen, positiven Umgebung anpassten.

Wissen Sie, was geschah? Binnen kürzester Zeit sah das Viertel genauso aus wie vorher. Die Bewohner lebten wieder in Dreck und Müll und saßen in ihren Lumpen vor ihren eingeschlagenen Fenstern. Das Projekt wurde aufgegeben.

Warum ist das so? Wie innen, so außen, wie oben so unten, so lautet eine der Inschriften auf den sagenumwobenen Smaragdtafeln des Hermes Trismegistos. Ist es innen faul, so wird es außen auch bald faul sein. Da hilft das hübscheste Mäntelchen nichts. Und der Fisch fault vom Kopf her, da wird es eben auch nicht lange dauern, bis auch das Fleisch unten verfault ist. Wenn das Denken nicht stimmt, können die Füße meilenweit laufen. Wenn ich innerlich verwahrlost bin, wird es nicht lange dauern, bis sich das auch äußerlich bemerkbar macht. Es hilft also nichts, die äußeren Auswirkungen unliebsamer Umstände zu beseitigen, man muss das Übel bei der Wurzel packen, bei seinem Ursprung. Und dieser Ursprung ist das *Denken*.

## 2. Mind over Matter
## Erst der Geist – dann die Materie

Wenn man das physikalische Prinzip der Schwingungslehre verstanden hat und sich vergegenwärtigt, dass alles schwingt, *alles*, und dass diese Energie lediglich verschiedene Aggregatszustände einnimmt, von denen die „Materie“ der verdichtetste ist, kann man auch leicht nachvollziehen, warum zuerst der Geist kommt und erst dann die Materie. Warum jedem „Ding“ der entsprechende Gedanke vorausgeht. Warum erst die Form geschaffen werden muss, damit ein Inhalt entstehen kann.

Ein kreativer Schaffensprozess hat immer **drei** Phasen:

- Der Gedanke/Einfall/die Idee/Überlegung
  **...die äußere Form.**
- Die Energie/Kraft/Emotion, die erfüllt und bewegt
  **...der Inhalt.**
- Die Manifestation/Verwirklichung/Dingwerdung
  **...die Realisation.**

Jede Form, die mit Energie versehen wird, drängt danach, sich zu manifestieren, also auch „dinglich" zu werden. Jeder unserer Gedanken, der mit der entsprechenden Kraft und Energie ausgestattet wird, ist bereits auf dem Weg, sich zu manifestieren.

Man kann also mit Fug und Recht Folgendes behaupten:

- Dinge/Gegenstände/Geschehnisse sind die *physische* Seite der Gedanken.
- Gedanken sind die *mentale* Seite der Dinge/Gegenstände/Geschehnisse.

Dass die Manifestation nicht jedem Gedanken gelingt, ist ein eingebauter Schutzmechanismus des göttlichen Resonanzgesetzes, der uns vor selbstverschuldetem Chaos beschützt. Ansonsten wären wir ausschließlich damit beschäftigt, das wieder „gutzumachen", was wir soeben angestellt haben.

Unter welchen Voraussetzungen Gedanken eine hohe Wahrscheinlichkeit haben, sich tatsächlich zu manifestieren, darum geht es hier, das werden Sie erfahren, die notwendigen Schritte dazu werden Sie lernen. Halten Sie sich nur vor Augen, dass das göttliche Resonanzgesetz immer da ist und unfehlbar wirkt. Das bedeutet eine unglaubliche Chance und

Macht für diejenigen Menschen, die seinen Mechanismus verstanden haben und ihn sich zunutze machen. Es kann aber auch eine harte Prüfung sein, und zwar für diejenigen Menschen, die unbewusst Dinge, Geschehnisse, Umstände in ihr Leben ziehen, die ihnen unangenehm sind, die sie eigentlich gar nicht wollen oder die sie sogar wissentlich verabscheuen würden. Seien Sie sich bewusst darüber: Sie erschaffen *immer!* Unbewusst oder bewusst. Oder besser: kontrolliert oder unkontrolliert. Und die Frequenzen, die Sie ausstrahlen, kommen zu Ihnen zurück.

Seien Sie sich bewusst, dass Sie Ihren Sendekanal selber einstellen können, jeden Tag, jede Stunde, jede Minute. Und damit sind Sie selber - und nur Sie - Herr über das Programm, das Sie empfangen. Und dieses Programm, das ist Ihr Leben. Das sind Ihre Freunde, das ist Ihr Beruf, das sind Ihre Lebensumstände. Das ist auch Ihr Körper, mit dem Sie vielleicht nicht zufrieden sein mögen und an dem Sie herumnörgeln in vielerlei Hinsicht (machen Sie es sich bewusst: Ihr Körper ist nicht nur irgendein Gefäß, das dazu da ist, seinen Inhalt zu umschließen, er ist auch *Ausdruck* Ihres Bewusstseins. Er trägt es nicht in sich, er *verkörpert* es, im besten Wortsinne). Und nichts anderes ist es, was Ihnen jeden Tag, jede Stunde, jede Minute widerfährt. Lösen Sie sich vom Gedanken an die unberechenbare Allmacht des Zufalls, an all die widrigen Einflüsse, die Ihr Leben bestimmt und geprägt haben: die Schicksalsschläge, die Unfälle, Misserfolge, tausend Missliebigkeiten, denen Sie permanent ausgesetzt sind und mit denen Sie unerklärlicherweise immer wieder konfrontiert werden. Es gibt nichts dergleichen. Es gibt nur das und geschieht nur das, was Sie selbst verursachen, was Sie selbst manifestieren und in Ihr Leben rufen. Sie haben sich das alles selbst erschaffen. Den wenigsten Menschen ist bewusst, dass sie - und zwar jeder für sich - mächtige Sender sind, die unkontrolliert laufend

Signale aussenden, die ein entsprechendes Feedback auslösen. Dieses Feedback gehorcht den Mechanismen des göttlichen Resonanzgesetzes. Die Frequenz dieser Aussendungen wechselt ständig, sie ist abhängig von der Gemütslage, den Gefühlen und mannigfaltigen äußeren Einflüssen, denen dieser Mensch jeweils ausgesetzt ist - der jeweiligen „Stimmung“ dieses Menschen eben. Ein kleiner äußerer Anstoß genügt bereits, ein kurzer „Ruck“ sozusagen und schon wird der Kanal gewechselt. Vom Naturfilm auf den Krimi mit Mord und Totschlag, von der unterhaltsamen Komödie auf das Eifersuchtsdrama. Und wir verstehen nicht, wie das geschehen kann. Wo wir doch gar kein Eifersuchtsdrama erleben wollen und erst recht keinen Mord und Totschlag.

Und so ist es auch überhaupt kein Wunder, dass die Welt so aussieht, wie wir sie vorfinden. So chaotisch, so widersprüchlich, so gewalttätig. Alle Kanäle laufen durcheinander, und in dem einen Land überwiegt diese Frequenz, im anderen jene. Jeder sendet unterschiedliche Frequenzen, und jeder empfängt sein eigenes Fernsehprogramm. Und alle zusammen schaffen wir dieses vielschichtige Chaos auf unserer Welt, mit allen herrlichen Aspekten und allen Schattenseiten. Die bestaunenswerteste Schönheit und die unfassbarsten Abscheulichkeiten. Und begreifen nicht, warum das so ist. Warum der Mensch, dieses doch so zivilisierte, gebildete Wesen, diese „Krone der Schöpfung“ so sein kann. Oder sein Schöpfer all das zulassen kann. Nun, genau darauf kommen wir im Folgenden zu sprechen.

Machen Sie sich zunächst Folgendes bewusst: Das göttliche Resonanzgesetz

- *ist immer präsent und überall präsent,* ob Sie es nun wahrhaben wollen oder nicht, ob Sie sich dessen bewusst sind oder nicht,
- *es wirkt permanent,*
- *es ist absolut neutral,* wertet nicht und setzt (unter betimmten Gegebenheiten, auf die wir noch zu sprechen kommen) eins zu eins um, unabhängig davon, ob Ihnen das angenehm ist oder nicht.

Es ist ein äußerst einfaches Gesetz, aber es ist nicht leicht, damit umzugehen, das heißt, es sich bewusst zunutze zu machen. Das sieht man schon allein daran, wie die Welt aussieht, die wir geschaffen haben. Die Mechanismen des göttlichen Resonanzgesetzes zu verstehen, zu verinnerlichen und zu lernen, damit bewusst und verantwortungsvoll umzugehen, das ist Aufgabe dieses Buches.

## 3. Paradies verloren

Herrscher über sein eigenes Leben werden, und das noch in so kurzer Zeit. Wer würde das nicht gerne, doch wie unmöglich scheint es, wenn man sein eigenes Leben betrachtet. Welchen Zwängen, welcher Drangsal man sich unterworfen fühlt, welche Verpflichtungen es zu erfüllen gilt, welchen beruflichen, gesellschaftlichen und moralischen Normen zu entsprechen. Das Leben gleicht da doch viel eher einem Räderwerk, in dem man sich oftmals vorkommt wie ein Hamster, der strampelt, Tag um Tag, ohne jemals viel weiter zu kommen. Freiheit ist etwas anderes.

Ja, aber geht es nicht allen so, werden Sie jetzt einwerfen, die meisten Menschen, die ich kenne, führen ein solches oder ein ähnliches Leben. Was würde geschehen, was für ein Chaos müsste zwangsläufig ausbrechen, wenn jeder so leben würde wie er wollte. Jeden Tag nur das tun, was Spaß und Freude bereitet. Das ist Illusion, werden sie sagen, das ist nicht möglich.

Und ich sage Ihnen, es ist möglich. Ich sage Ihnen das aus meiner eigenen Erfahrung heraus und der Erfahrung all derer, die die Funktionsweise des göttlichen Resonanzgesetzes verstanden, beherzigt, verinnerlicht und praktisch angewendet haben und es jeden Tag mit äußerster Begeisterung und Erfüllung weiterhin tun. Die tatsächlich und wahrhaftig zum Herrscher über ihr Leben geworden sind. Ohne anderen wehzutun, ohne andere zu verletzen und ohne irgendjemandem etwas wegzunehmen wohlgemerkt. Das ist vielleicht das Wunderbarste am göttlichen Resonanzgesetz:

- Sie tun niemandem weh,
- Sie schaden niemandem,
- Sie nehmen niemandem irgendetwas weg.

Das klingt paradiesisch. Und das ist es auch. Sie können sich ihr eigenes kleines Paradies erschaffen, ihren nach Ihrem Wohlgefallen gestalteten Garten Eden, in dem Sie sich bewegen und aufhalten und Ihr Leben genießen, so wie Sie es sich vorstellen. Und Sie können andere einladen, es Ihnen gleichzutun. Zeigen Sie ihnen Ihren Paradiesgarten, erklären Sie Ihnen, wie Sie diesen geschaffen haben, seien Sie Vorbild und geben Sie Ihr Wissen und Ihre Erfahrung weiter: Es wird hundertmal auf Sie zurückkommen.

Die Bibel ist ein wundervolles Buch, voller bildreicher Erzählungen und eindrucksvoller Geschehnisse. Und sie ist ein wahres Buch. Wahr nicht im wörtlichen Sinne, sondern im übertragenen. Wahr in ihrer Symbolik, ihren Metaphern und Analogien. Wahr in all dem, was zwischen den Zeilen steht, was hinter den Bildern verborgen liegt. Und es lohnt sich, einen genaueren Blick darauf zu werfen, einen Blick auf das pure Gold, das unter der schützenden Schicht Grünspan verborgen liegt, von der wir uns so oft täuschen lassen.

Dieses Buch heißt „Das göttliche Resonanzgesetz", und es heißt nicht umsonst „göttlich", denn das beschriebene Gesetz ist göttlicher Natur (was immer das bedeuten mag, aber darauf kommen wir später noch) und findet seinen Ursprung in der Bibel.

In der Bibel wird der Paradiesgarten beschrieben, Gott, der darüber wacht und die beiden Menschen, die darin leben. Die ersten beiden Menschen, die Gott „nach seinem Bilde" und aus sich heraus geschaffen hat, also göttlichen Ursprungs sind. Es ist wichtig, das zu verstehen und sich vor Augen zu halten: Die Menschen - also wir, Sie und ich und all die anderen abermillionen Wesen um uns herum, wir allesamt und jeder einzelne von ihnen ist göttlichen Ursprungs. Wir alle tragen diesen göttlichen Funken in uns. Wenn Gott unser Vater ist, sind wir ein Teil von ihm, dann sind wir ebenfalls „göttlich" (lassen Sie das bitte erst einmal so stehen, auch wenn es für manche von Ihnen im Moment blasphemisch oder überhöht klingen mag).

Es gibt also in Wahrheit gar kein Getrenntsein vom Schöpfer oder der Schöpfung. Wir sind die Schöpfung, wir erschaffen sie jeden Tag, wir sind Teil von ihr und schaffen sie gleichzeitig in jedem Augenblick. Unsere Betrachtung des getrennt Seins, des ausgesetzt Seins ist pure Illusion. Aber wir können dies nicht erkennen und sehnen uns deshalb nach dem „verlorenen Paradies" zurück, nach der Einheit, nach der Vollkommenheit.

Das Paradies, wie es in der Bibel beschrieben wird, ist ein Ort der Ruhe und des Friedens, die Menschen dort leben nackt

- ohne sich dieser Nacktheit in unserem Sinne bewusst zu sein - in den Tag hinein. Sie leben unbewusst wie die Kinder und sind deshalb auch frei von jeglicher Schuld. Sie sind „unschuldig“, im besten Sinne. Und nicht umsonst sagt Jesus an späterer Stelle: „Wollt ihr zurückkehren ins Paradies, so müsst ihr wie die Kinder werden.“ Alles ändert sich jedoch an dem Tag, da die Menschen die Frucht vom Baum der Erkenntnis essen, „verführt“ durch die Schlange beziehungsweise das Weib. Dieses so ausschlaggebende Sinnbild wollen wir ein wenig näher beleuchten: Die Schlange steht in der chinesischen Kultur als Symbol für die Weisheit, in der westlichen Kulturgeschichte kennen wir Sie als Symbol für die Heilung (siehe Äskulapstab). Die weibliche Seite wiederum steht für Intuition, das Gefühl. Man kann also im übertragenen Sinne sagen, dass die beiden Menschen von irgendetwas geheilt werden, geführt durch ihre Intuition.

Nun, die verbotene Frucht wächst am Baum der Erkenntnis, demnach werden die beiden Menschen von Ihrer Unkenntnis geheilt. An die Stelle von kindlichem Unbewusstsein tritt plötzlich Bewusstsein: *bewusst sein!* Plötzlich sind die Menschen sich selbst und ihrer Umgebung bewusst, und das erste, was sie tun ist: Sie verhüllen ihre Nacktheit. Wer unbewusst ist, der benötigt keinen Schutz. Der ist sich seiner Nacktheit nicht bewusst, der kann sich „schutzlos“ präsentieren, so wie er eben ist. Den beiden Menschen hingegen wird plötzlich bewusst, dass sie bisher nackt, also schutzlos, durchs Leben gegangen sind und legen sich als erstes einen „Schutzmantel“ zu. Und in diesem Moment, genau in dem, als sie die Frucht vom Baum der Erkenntnis aßen, verloren die Menschen ihre kindliche, paradiesische Unschuld und wurden bewusst. Das heißt, sie wurden verantwortlich. Für sich, für Ihr Tun und Handeln. Und damit gab es auch kein Paradies mehr für sie, das Paradies war verloren, die Menschen mussten den Paradiesgarten verlassen.

Was bedeutet nun dieses plötzliche Bewusstsein? Bewusstsein bedeutet nichts anderes als die Gabe der Entscheidungsfreiheit. Unbewusstheit bedeutet intuitives Reagieren. Bewusstheit bedeutet Entscheidungsfreiheit. Ich kann mich in jedem Moment für etwas oder gegen etwas entscheiden. Oder gar nicht, was auch ein bewusster Prozess ist, nämlich nicht zu entscheiden. Und ich bin mir dieser Prozesse bewusst, ich kann überlegen, abwägen und eine Wahl unter verschiedenen Möglichkeiten treffen. Dies bedeutet einerseits höchstmögliche Freiheit (diese Wahlfreiheit macht aus anthropologischer Sicht den elementaren Unterschied aus zwischen Mensch und Tier), andererseits bringt sie auch die entsprechende Verantwortung mit sich. Wer unbewusst handelt, handelt im besten Sinne verantwortungslos.

Kinder sind sich dieser Verantwortung nicht bewusst, deshalb gibt es auch entsprechende Gesetze, die genau dies berücksichtigen. Wir müssen mit der Freiheit des Bewusstseins auch die Last der Verantwortung dafür tragen, das ist die Kehrseite der Medaille. Menschen, die jahrelang unter autoritären Systemen gelebt haben, lebten oft auch mit einer gewissen Freiheit von Verantwortung: Alles war geregelt, „man musste sich um viele Dinge keine Sorgen machen“.

Heutzutage ist das gelegentlich in den sogenannten Entscheidungsgremien zu beobachten, wo nicht mehr der Einzelne die Entscheidung fällt, sondern das Gremium: Das kann unter Umständen auch ein Abschieben der Verantwortung auf etwas nicht Fassbares bedeuten. Nicht ich habe entschieden, sondern das Gremium, also bin auch nicht ich verantwortlich, sondern das Gremium. Man möchte zwar einerseits gerne frei entscheiden, sich andererseits aber gerne vor der Übernahme der damit einher gehenden Verantwortung drücken. Kehrseite der Medaille: Beides ist nicht zu haben. Das eine ohne das andere funktioniert nicht. Und nicht umsonst wird die sogenannte „Freiheit" ja noch immer als unser höchstes Gut behandelt.

Interessant an der biblischen Paradiesgeschichte ist zweierlei: Einerseits wird Gott, der Schöpfer, als allwissend dargestellt. Und doch unternimmt er nichts, um die Menschen davon abzuhalten, die Frucht vom Baum der Erkenntnis zu kosten. Er hätte den Baum ja auch erst gar nicht pflanzen müssen oder die Schlange daran hindern können, die Menschen in Versuchung zu führen oder...oder...oder. Nichts von alledem.

Es ist also davon auszugehen, dass Gott, der Schöpfer, sehr wohl wusste, was er tat. Zum Zweiten wird in der Bibel beschrieben, dass zwei Engel mit Schwertern den Eingang zum Paradies bewachen. Das heißt also, dass das Paradies noch immer vorhanden und zugänglich ist und dass man auch dorthin zurückkehren kann (ob und unter welchen Bedingungen man dann von den Wachen eingelassen wird, ist ein anderes Thema). Und genau das ist doch das überwiegende Streben aller Menschen aller Kulturen auf dieser Welt (wenn auch in unterschiedlicher Gestalt): ins Paradies einzugehen beziehungsweise wieder ins Paradies zurückzukehren.

Wir stellen also zu diesem Zeitpunkt *dreierlei* fest:

1. Wir sind göttlichen Ursprungs, es gibt keine faktische Trennung zwischen Schöpfer/Schöpfung und uns.
2. Gott, der Schöpfer hat uns das Bewusstsein gegeben und damit die Gabe der Entscheidungsfreiheit. Mit dieser Entscheidungsfreiheit untrennbar verbunden ist auch die Übernahme der Verantwortung für unser Tun.
3. Das Paradies ist immer noch vorhanden, es ist also auch möglich, dorthin zurückzukehren.

# 4. Paradies wiedergefunden

Unter den drei vorgenannten Prämissen ist es uns möglich, unser Paradies wiederzufinden, oder besser gesagt, uns unser Paradies wiederzuerschaffen. Dies zu verstehen, ist elementar, deshalb soll zu diesem Zeitpunkt auf die drei vorgenannten Punkte im Detail eingegangen werden.

## 4.1 Wir sind göttlichen Ursprungs, es gibt keine faktische Trennung zwischen Schöpfer/Schöpfung und uns:

Ein großes Missverständnis ist die angebliche Trennung zwischen Gott und Mensch beziehungsweise Gott und Schöpfung.

Ich als ohnmächtiges, zudem mit Erbsünde belastetes Menschlein bin mehr oder weniger hilflos auf dieser wüsten Erde, diesem Hort an Gewalttätigkeit, Gier und Neid, den Mächten des Bösen ausgesetzt. Deshalb ist mein Leben ein täglicher Kampf ums Überleben. Die Menschen sind schlecht und deshalb ist auch die Welt schlecht, da muss ich sehen, wie ich mich einigermaßen durchschlagen kann. Groß ausrichten oder verändern kann ich als Einzelner ohnehin nichts, das erlebt und sieht man ja jeden Tag. Also füge ich mich in mein unabänderliches Schicksal und versuche das Beste daraus zu machen. Es ist eben alles so, wie es ist. „Gottgegeben" eben.

Eine solche Betrachtungsweise beziehungsweise Überzeugung ist natürlich ein idealer Nährboden für religiöse Missverständnisse, die ein besseres Dasein, den Himmel, auf einen späteren Zeitpunkt verlagern, auf ein entferntes Paradies, das uns erwartet. Wir müssen nur in diesem Leben, das so voller Mühsal und Pein ist - oder vielleicht auch sein muss, um eben dieses späteren Paradieses würdig zu sein - gottgefällig, und das heißt nichts anderes als religionsgefällig, handeln. Wenn du böse bist - das heißt, wenn du nicht tust, was ich dir sage - kommst du in die Hölle. Wenn du gut bist - das heißt, wenn du tust, was ich dir sage - kommst du an diesen betörenden Ort ohne Kummer und Schmerz, an dem alle Träume wahr werden. Und so gibt es viele, die diesem irdischen und somit nicht erstrebenswerten, im besten Sinne wertlosen Leben, völlig den Rücken kehren und sich vollends in den Dienst der Religion stellen, den verklärten Blick in dieses weite, verheißungsvolle, strahlende Jenseits gerichtet. Das führt im Extremfall bis hin zu religiös verbrämten terroristischen Exzessen.

Tatsache ist, dass wir nur im Hier und Jetzt leben (unabhängig davon, ob es ein Leben nach dem Tode geben mag und wie dieses dann wohl aussieht). Wir haben nur dieses eine Leben (zumindest momentan), das ist auf jeden Fall sicher und es ist gottgegeben und das Wertvollste, was wir besitzen. Und dieses Leben hat nur einen einzigen tieferen Sinn: unsere Göttlichkeit wiederzufinden, die wir mit unserem Auszug aus dem Paradies verloren oder besser gesagt vergessen haben. Diesen göttlichen Funken, den jeder von uns noch immer in sich trägt und den wieder anzufachen unsere wahre Aufgabe ist. Und damit wieder zum Schöpfer zu werden. Zum Schöpfer unseres Daseins, zum Herrscher über unser Leben.

Wenn wir verstehen, dass wir nicht von Gott getrennt sind, dass wir im Gegenteil noch immer ein Teil von ihm sind, dass wir damit nicht getrennt von der Schöpfung existieren, sondern die Schöpfung sind, dass es außer dieser Schöpfung, die sich permanent weiterentwickelt (durch uns!) nichts gibt, dass wir dies alles geschaffen haben und fortwährend schaffen, dann sind wir auf dem richtigen Weg. Wenn wir verstehen, dass alle Menschen zusammen diesen gewaltigen Schaffensprozess vollzogen haben und noch immer vollziehen, dass wir eingebunden sind in diesen Prozess und nicht außenstehend, dass wir diese Macht besitzen, auch wenn wir ihrer im Moment noch nicht gewahr sind oder vielleicht sogar insgeheim Angst vor ihr haben, wenn wir dies als unsere Lebensaufgabe begriffen und verinnerlicht haben, erst dann können wir uns an die Umsetzung machen und uns mit den maßgebenden Mechanismen (z.B. dem göttlichen Resonanzgesetz) beschäftigen.

Es ist nicht leicht, ein Gott zu sein, sagt ein altes Sprichwort. Und es hat Recht. Denn wie mit der Freiheit des Bewusstseins geht auch mit dem Wissen um die Regularien des Schöpfungsprozesses das entsprechende Quantum Verantwortung mit einher. Und die passende Unbequemlichkeit: Einzusehen, dass man alles, was einem widerfährt, selber verursacht hat, einzusehen, dass man den Zustand, wie man derzeit lebt, zu hundert Prozent selber herbeigeführt hat (wissentlich oder unwissentlich, darauf kommen wir noch), einzusehen, dass man die Gründe für Misserfolg, Krankheit, Unglücksfälle, Armut, Unzufriedenheit etc. nicht im Geringsten auf widrige Umstände, Pech, den Staat, böse Mitmenschen, ungünstige Lebensbedingungen etc. etc. schieben kann, sondern ausschließlich sich selbst zuzuschreiben hat. Kurz gesagt, man besitzt keinerlei Ausreden und Ausflüchte und Rechtfertigungen mehr für irgendetwas. Das einzusehen, fällt schwer, ist aber eine unabdingbare Voraussetzung für das Weiterkommen. Die Worte, die wir diesbezüglich in der Bibel finden, sind wahr, wurden und werden jedoch auf erschreckendste Art und Weise fehlinterpretiert:

Die göttliche Anleitung *„Machet euch die Erde untertan“*, die exakt die Essenz des göttlichen Resonanzgesetzes wiedergibt, nämlich, die Macht, sich seine Welt zu schaffen, wie man sie sich idealerweise vorstellt und wünscht, hat Jahrhunderte lang als Freibrief dafür herhalten müssen, die Erde auszuplündern, ihre Bodenschätze zu rauben, ihre Wälder abzuholzen, ihre Flüsse und Seen zu vergiften, die Luft zu verpesten und ihre Ureinwohner umzubringen.

Doch das göttliche Resonanzgesetz wirkt auch hier, wie wir jetzt allmählich erkennen: Was zurückkommt, sind tropische Wirbelstürme nie gekannter Wucht, todbringende Tsunamis, Erdbeben, Flutkatastrophen und Überschwemmungen. Die Erde wehrt sich nicht, sie gibt nur das verstärkt zurück, was wir ihr antun. Rücksichtslosigkeit wird bestraft. Wer Gewalt sät, wird Gewalt ernten. Und so müssen wir uns nicht wundern, dass das Weltklima sich so rasant und zum Negativen hin verändert und der Schaden, den wir angerichtet haben, schon kaum mehr wiedergutzumachen ist. Zumindest hat man erkannt, dass der Mensch daran schuld ist und nicht irgendwelche höheren Fügungen.

Realität ist das, was wir schaffen beziehungsweise erschaffen, nichts anderes. Wir alle zusammen und jeder für sich. Wie im Kleinen, so im Großen. Wie oben, so unten. Wie innen, so außen. Realität ist nichts, das einfach so da ist, dem wir gegenüberstehen als sozusagen Außenstehende und das wir jetzt bewältigen und mit dem wir uns „herumschlagen" müssen, auch wenn wir das die meiste Zeit über so empfinden. Diese Trennung existiert nicht, wir empfinden sie nur so aufgrund unseres polarisierten Denkens. Sie ist eine Illusion, aufrecht erhalten durch die künstlichen Kategorien gut/böse, richtig/falsch, positiv/negativ etc., die wir geschaffen haben, um zu bewerten und zu verurteilen. Aus Sicht der Schöpfung, die wir ja alle zusammen darstellen, ist nichts gut oder schlecht, wahr oder falsch: Es ist einfach neutral und wertfrei. Erst dadurch, dass wir einen davon getrennten Standpunkt einnehmen, wir uns sozusagen „außerhalb" stellen (das Paradies verlassen) und dann das, was außerhalb von uns ist, beurteilen und bewerten, entsteht das Gefühl der Trennung. Erst dadurch entsteht das Gefühl von Angst und Unsicherheit, das Bedürfnis, sich schützen zu müssen, das Bedürfnis nach Sicherheit und höchstmöglicher Kontrolle, das Bild des „Feindes“, der mich bedroht und mit dem ich mich im Wettstreit befinde. Und der, der da streitet und kämpft, bin auch nicht mehr „Ich“, sondern es ist ebenfalls ein Trugbild. Das sogenannte Ego, die sogenannte Persönlichkeit, ein künstliches Konglomerat von Projektionen. Auf diese Weise findet gewissermaßen eine doppelte Trennung statt: Ich bin von mir selbst getrennt und ich bin von meiner Schöpfung getrennt, und wir haben uns mit einer doppelten Illusion „auseinanderzusetzen“: Hier bin ich, und dort ist die Schöpfung/die Umwelt/das Drumherum und hier bin ich/die Seele/mein wahres Selbst und dort meine Persönlichkeit/mein Ego/mein Selbstbildnis. Diesen doppelten Schleier der Illusion zu zerreißen, darum geht es im zweiten Teil des Buches.

## Übung 1
## die Schöpfung

Gehen Sie jetzt einmal nach draußen, irgendwo in die Natur. Setzen Sie sich an einem ruhigen, friedvollen Ort ins Gras, in eine Lichtung im Wald, an einen See, an einen Bach. Hören Sie das Vogelzwitschern, das Plätschern des Wassers, das Sirren der Libellen, das Zirpen der Grillen, das Quaken der Frösche. Achten Sie auf die vielfältigen und wunderbaren Geräusche der Natur, der Schöpfung. Sie alle sind da, um uns Freude zu bereiten. Es gibt keinen tieferen Sinn, sie sind einfach da. Und wir sind Teil davon. Wir sind Teil dieser einzigartigen, bestaunenswerten und vielfältigen Schöpfung. Wir gehören dazu, wir sind nicht getrennt. Wir sind kein außenstehender Beobachter, sondern sind integraler Bestandteil. Wir sind auch nichts anderes als Bach, Libelle, Frosch. Wir sind Schöpfung. Wir schöpfen und sind gleichzeitig Bestandteil der Schöpfung. Wir alle. Jeder einzelne von uns. Atmen Sie die reine Luft und blicken Sie in den unendlichen Himmel: Vergegenwärtigen Sie sich, wie gewaltig, wie unendlich, wie unbegreifbar die Schöpfung ist. Und wie unendlich schön und perfekt. Und Sie sind Bestandteil davon. Und haben die Macht, diesen fortwährenden, unaufhaltsamen Schöpfungsprozess aktiv mitzugestalten. Zu Ihrem Vorteil und Ihrer Freude und dem Vorteil und der Freude des gesamten Universums, der gesamten Schöpfung.

Vergegenwärtigen Sie sich dies und spüren Sie Ihre Macht. Spüren Sie ihr nach. Irgendwo in Ihrem Körper sitzt dieser göttliche Funke, der zum Entfachen gebracht werden will, diese Seele, die frei fliegen will. Spüren Sie ihr nach und versuchen Sie, sie zu lokalisieren. Spüren Sie diese ihre verborgene Kraft. Spüren Sie sie tief in Ihrem Inneren. Das ist Ihr wahres Ich. Es ist vollkommen, es ist perfekt, es ist makellos. Das sind Sie. Das sind Sie, wie Sie sein wollen, wie Sie sein sollen. Das ist das Kind in Ihnen, das wild herumtollen will, das ist die Seele, die frei fliegen, Freude in jedem Augenblick des Lebens spüren will und jeden Moment als einzigartig anerkennt und würdigt. Dort gibt es keine Unvollkommenheit, keine Kümmernis, keine Krankheit, dort können Sie Ihre göttliche Blaupause sehen, den ursprünglichen paradiesischen Zustand Ihrer selbst. Spüren Sie nach, fühlen Sie die Emotionen, die Kraft, die Farben, die Energie, die urwüchsige Kraft, die dieses ursprüngliche Ich besitzt und ziehen Sie sie hinein in alle ihre Poren, saugen Sie sich voll von dieser Kraft, baden Sie darin und tauchen Sie ein, verschmelzen Sie mit diesem Ich, spüren Sie, wie diese Energie alle ihre Zellen erfüllt, werden Sie wieder zu Ihrem ursprünglichen Ich. Und wissen Sie jetzt, dass Sie einen Ort der Kraft besitzen, einen Ort, an dem Sie auftanken können, einen Ort, der Ihnen frische, reine, unbegrenzte Energie schenkt, wann immer Sie mit ihm in Verbindung treten oder ihn aufsuchen. Und schwören Sie sich ein jedes Mal, bevor Sie diesen Ort wieder verlassen: Ich will der/die sein, der/die ich gedacht bin. Sie können das und Sie wollen das. Und so soll es sein.

Und wenn Sie sich jetzt erheben, um wieder nach Hause zu gehen, haben Sie keine Angst davor, es auszustrahlen. Machen Sie sich Ihre neue Energie, Ihre neue Kraft in jedem Moment, auf Schritt und Tritt bewusst, spüren Sie sie, körperlich und energetisch, spüren Sie die Schwingung, die sich von Ihnen ausbreitet und seien Sie dankbar. Freuen Sie sich und danken Sie dafür. Und Sie werden merken, dass andere es bemerken. Dann wissen Sie, dass Sie auf dem richtigen Weg sind. Freuen Sie sich darüber und bedanken Sie sich dafür. Ehrliche Dankbarkeit zu empfinden, zu zeigen und auch zu äußern ist ein sehr starkes positives Signal und leider eine sehr seltene Tugend geworden.

## 4.2 Gott, der Schöpfer hat uns das Bewusstsein gegeben und damit die Gabe der Entscheidungsfreiheit. Mit dieser Entscheidungsfreiheit untrennbar verbunden ist jedoch auch die Übernahme der Verantwortung für unser Tun:

Bevor wir nun darangehen, mithilfe des göttlichen Resonanzgesetzes Änderungen herbeizuführen, ist es unverzichtbar, die bestmögliche d.h. vielversprechendste Ausgangsbasis dafür zu schaffen. Das Feld sozusagen so zu bestellen, dass unter Zusatz des entsprechenden Düngers auch tatsächlich das wächst, was wir ernten wollen. Um diesen idealen Status quo herzustellen, sind folgende Punkte zu beachten:

1. Akzeptieren Sie Ihre Lebensumstände, wie sie gerade sind, vorbehaltslos!

Ob es Ihnen nun gefällt oder nicht, Sie müssen sich der Ausgangslage stellen, dass alles so ist, wie es ist (und wahrscheinlich vieles, was eben nicht so sein sollte) und der Tatsache ins Auge blicken, dass es genauso ist, weil *Sie* es so gewollt haben (wissentlich oder unwissentlich). *Sie und kein anderer!* Nicht der Staat, nicht Ihre Eltern, nicht das Finanzamt oder Ihr Chef. Sie ganz allein sind für Ihre Lebenssituation verantwortlich, wie Sie sie jetzt gerade vorfinden. Mit allem, was Sie als positiv empfinden mögen und allem, was Sie als negativ sehen. Es ist alles genauso richtig für Sie, Sie könnten im Moment gar kein anderer sein und auch gar keine anderen Lebensumstände haben. Machen Sie sich das klar. Es ist niemandes Schuld, von Schuld überhaupt kann strenggenommen ohnehin nicht gesprochen werden. Sie haben das Beste getan, was unter den Gegebenheiten, wie sie sich für sie stellten, bisher möglich war. Auch wenn es schwerfällt, akzeptieren Sie es. Auch wenn Ihnen hundert Gründe einfallen, warum dieses oder jenes aufgrund dieser oder jener Tatsache geschehen ist, akzeptieren Sie, dass Sie, nur Sie allein, alle Geschehnisse in Ihrem Leben verursacht haben, wissentlich oder eben unwissentlich.

Das ist eine durchaus unbequeme Wahrheit, die anzunehmen vielen Menschen zutiefst widerstrebt, die aber auch ungemeine Erleichterung verursacht, wenn man einmal soweit gekommen ist zu sagen: *„Ja, ich akzeptiere alles. Ich bin bereit anzuerkennen, dass alles, wie es sich für mich augenblicklich darstellt, von mir verursacht, gewünscht und in mein Leben gerufen wurde, wissentlich wie unwissentlich.“* Stellen Sie sich dazu am besten vor einen Spiegel, sehen Sie sich dabei ins Gesicht und spüren Sie die Wahrhaftigkeit Ihrer Worte, wenn Sie sie aussprechen. Wenn Sie erst einmal so weit gekommen sind, haben Sie schon ein gutes Stück Arbeit hinter sich gebracht. Das vorbehaltslose Akzeptieren ist deshalb so wichtig, weil man damit sozusagen einen inneren Frieden mit sich selbst geschlossen hat und sich nicht weiter mit Vorwürfen und Unzufriedenheit plagen muss. Es macht die Bahn frei für das Neue, das da kommen soll.

2. Zeigen Sie Dankbarkeit, dass Sie so weit gekommen sind!

Der zweite Punkt geht noch einen Schritt weiter, nämlich Dankbarkeit dafür zu empfinden, dass Sie soweit gekommen sind. Auch dies wird vielen zunächst schwer fallen, weil einem natürlich sofort all die negativen Begleitumstände seines Lebens einfallen. Und dafür soll man auch noch dankbar sein? Ja, denn wenn es nicht alles so wäre, wie es jetzt ist, wenn Sie jetzt nicht genau an dem Punkt angekommen wären, an dem Sie sich jetzt befinden, wenn Sie nicht genau diejenige Situation heraufbeschworen hätten, die es Ihnen ermöglicht hat, dieses Buch zu lesen und das darin enthaltene Wissen anzuwenden, würden Sie weiter im Dunklen tappen. Sie würden mehr oder weniger glücklich sein und sich weiterhin wie ein Treibholz fühlen, das vom Meer mal hierhin, mal dorthin geworfen wird. Sie wären niemals in die Lage gekommen, sich zum Herrn über Ihr Schicksal, zum Meister über Ihr eigenes Leben aufzuschwingen und hätten sich wie die meisten anderen Menschen auch eben in die Umstände gefügt wie sie eben sind.

*Deshalb haben Sie allen Grund dankbar zu sein!* Dankbarkeit ist ein äußerst starkes positives Signal, senden Sie es aus, jedes Mal wenn Sie etwas Gutes empfangen haben. Wir nehmen heute vieles als selbstverständlich und gegeben hin und haben es längst verlernt, ehrliche Dankbarkeit zu empfinden und zu äußern.

## Übung 2
## Die Schönheit des Seins

Nehmen Sie sich vor, an einem bestimmten Tag einmal darauf zu achten, wie viel Schönes Sie sehen und bemerken, wenn Sie Ihr Bewusstsein darauf ausrichten und Ihren Blick dafür schärfen. Das kann zuhause sein, in der Stadt, am Arbeitsplatz, ganz egal. Achten Sie auf alles, auf die kleinsten Kleinigkeiten. Machen Sie sich diese Dinge gewahr, freuen Sie sich über jedes einzelne und empfinden Sie jedes Mal ein wenig Dankbarkeit dafür. Sie werden erleben, wie sich solche positiven Eindrücke oder Erlebnisse häufen, je mehr Sie Ihr Bewusstsein darauf einrichten und sich Ihre Erwartungshaltung auch entsprechend ändert.

Das, was ich erwarte, ziehe ich auch an. Erwarte ich schon morgens beim Aufstehen einen schlechten Tag, wird mein Tag zweifellos kein sehr erfreulicher sein. Also nehmen Sie sich morgens vor, nachdem Sie sich für den herrlichen Tag im Vorhinein bedankt haben, Ihren Fokus auf all die schönen Dinge auszurichten, die Sie heute erleben werden. Die kleinen wie die großen. Schauen Sie genau hin, beobachten Sie genau, hören Sie genau zu, sehen Sie, was und wie es passiert. Wenn Sie wollen und Sie denken, dass es hilfreich für Sie sein könnte, notieren Sie all diese „Aha-Erlebnisse" des Tages in einem Notizbuch, Sie werden sich wundern, wie viele sich im Laufe eines Tages angesammelt haben werden. Und gehen Sie sie dann abends allesamt noch einmal durch, vergegenwärtigen Sie sich die jeweilige Situation und durchleben Sie sie damit nochmals. So wird ein idealer positiver Nährboden erzeugt, auf dem ganz prächtig gedeihen wird, was Sie in Zukunft alles pflanzen werden.

3. Vergeben Sie, verzeihen Sie und bitten Sie um Verzeihung!

Um sich vollends von dem zu lösen, was belastet, negative Energien verursacht oder das positive Resonanzfeld stört und im Hintergrund ungelöst vor sich hin schwärt, ist es notwendig, zu vergeben. Entweder in Form einer Generalabsolution oder - besser und wirksamer noch - jeder einzelnen betroffenen Person persönlich. Das können übriggebliebene negative Ressentiments aus Verletzungen privater oder beruflicher Natur sein, die zum Teil weit zurückliegen mögen und denen Sie vielleicht kaum mehr Beachtung schenken, die aber wie ein stetiger Infektionsherd sich immer noch im Unterbewusstsein aufhalten und das Energiegleichgewicht und die Harmonie stören. So lange diese Fälle nicht gelöst sind, besteht eine energetische Verstrickung zwischen Ihnen und der anderen Person, die weiterhin Störungen verursachen wird.

Das kann eine unschöne Trennung sein, ein beruflicher Misserfolg, eine persönliche Niederlage, eine Enttäuschung, eine Abfuhr, ein nicht überwundenes persönliches Versagen, eine Beleidigung, was auch immer.

Es wird in jedem Fall etwas sein, das Sie verletzt hat, das eine Wunde verursacht und eine Narbe hinterlassen hat. Eine Narbe, die Sie ab und zu immer noch spüren und damit an die zugrunde liegende schmerzhafte Begebenheit denken und damit wiederum an die Person, die diese verursacht hat. Und ihr negative Gefühle entgegen bringen, ein jedes Mal, da Sie sich die entsprechende Situation vergegenwärtigen und durchleben. Am besten machen Sie sich eine Liste solcher unaufgearbeiteter Fälle. Sie werden sich wundern, wie viele zusammenkommen, wenn Sie einmal bewusst darüber nachdenken. Jeder von uns hat eine ganze Armee solcher Leichen im Keller. Und es geht nicht darum, sie alle zu reaktivieren und schmutzige Wäsche wieder und wieder zu waschen, sondern sich dem bisher Nicht-Bewältigten zu stellen, um es ein für allemal aus der Welt zu schaffen.

Umgekehrt wird es genauso viele Menschen geben, denen Sie wehgetan haben, Situationen, in denen Sie sich wünschten, Sie hätten anders reagiert, Äußerungen und Taten, die Sie am liebsten ungeschehen machen würden und die Ihnen leid tun. Auch hier gilt es jetzt, reinen Tisch zu machen, heißt es, all diejenigen Menschen, die darin involviert sind, um Vergebung und Verzeihung zu bitten. Das macht die Tat nicht ungeschehen, löst aber die energetische Verstrickung und gibt die darin gebundene negative Energie frei. Machen Sie auch hier eine Liste, schreiben Sie auf, was Ihnen leid tut und wem Sie etwas angetan haben, das Sie bedauern. Auch hier werden Sie überrascht sein, wie viele Zombies plötzlich ans Tageslicht treten. Und wie befreiend allein der Gedanke ist, sich davon ein für allemal zu befreien. Und Sie helfen damit nicht nur sich, sondern auch der anderen Person, denn das energetische Band heftet beide aneinander, so lange es nicht gelöst wird.

## Übung 3
## Vergeben und Verzeihen

Fangen Sie mit dem Wichtigsten, dem, was Sie am meisten drückt, an: Stellen Sie sich vor, sie würden heute auf dem Sterbebett liegen und wollten mit einem reinen Gewissen gehen, das heißt, sich von allem, was Sie belastet, was unaufgearbeitet in Ihnen schmort, befreien. Um befreit und rein Ihre Reise anzutreten. Den meisten Menschen geht es in dieser Situation so. Plötzlich spüren sie diese negative Energie, spüren Sie dieses Schwere, das wie ungewollter Ballast an ihnen haftet. Und bitten um Vergebung. Oder verzeihen plötzlich selber. So lange wollen wir nicht warten. Machen Sie also zwei Listen: eine Liste mit all denjenigen Menschen, denen Sie verzeihen. Und eine zweite Liste, mit all denjenigen Menschen, um deren Verzeihung Sie bitten.

Suchen Sie nach den Ereignissen und Gegebenheiten, die ein Verzeihen oder ein Bitten um Verzeihung wünschenswert oder erforderlich machen. Es müssen keine weltbewegenden Dramen sein, auch kleine Wunden können große Vergiftungen auslösen. Stellen Sie sich einfach vor, Sie wollten jetzt Großputz machen. Hinaus mit all dem seelischen Müll, der da vor sich hingammelt seit Jahren. Ein für allemal. Treten Sie geistig mit der betroffenen Person in Kontakt und bitten Sie sie um Verzeihung. Oder sagen Sie ihr, dass Sie ihr verzeihen. Bedanken Sie sich und wünschen Sie ihr das Beste. Und entlassen Sie sie damit aus Ihrem Energiefeld.

Wenn Sie trotzdem noch eine Verbindung spüren, so kann es sein, dass Sie noch mit Energiefäden miteinander verbunden sind, das betrifft meistens die schwierigeren, komplizierteren Fälle. Spüren Sie eine solche Verbindung, dann machen Sie sich behutsam daran, diese Energiefäden von Ihrem Körper zu lösen. Sagen Sie der anderen Person, dass Sie diese Verbindung nunmehr endgültig lösen möchten, bitten Sie sie, das zu akzeptieren, bedanken Sie sich für ihr Verständnis und wünschen Sie ihr viel Glück. Wenn Sie so vorgehen, werden Sie auch hartnäckige Verstrickungen lösen können und auch der anderen Person ihre Freiheit wiedergeben. So gehen Sie vor, Zug um Zug, Schritt um Schritt, so lange, bis Sie alle Personen auf Ihren zwei Listen abgearbeitet haben. Haben Sie das Gefühl - es müsste ein absolut befreiendes sein - alles aufgearbeitet zu haben, bedanken Sie sich nochmals bei allen betroffenen Personen und wünschen Sie Ihnen viel Glück auf ihrer weiteren Reise. Jetzt dürfen Sie sich selber belohnen - gönnen Sie sich irgendetwas Schönes - denn das war ein hartes und belastendes Stück Arbeit und Sie haben es bravourös gemeistert. Und Sie können stolz auf sich sein, denn wieder sind Sie ein bedeutsames Stück auf Ihrem Weg vorangekommen.

4. Zeigen und äußern Sie die Bereitschaft, ab heute die Verantwortung für Ihr Leben zu übernehmen!

Haben Sie erstens akzeptiert, dass das, was ist, eben ist und gut so ist und deshalb so ist, weil Sie - und nur Sie - das so wollten und zweitens Dankbarkeit dafür gezeigt, dass Ihnen damit die Möglichkeit gegeben wurde, Ihr Leben endlich selber und damit auch selbstverantwortlich in die Hände zu nehmen, und haben Sie drittens all denen vergeben, die sie sonst als negativen, ungelösten Ballast mit sich herumschleppen würden, ist der Zeitpunkt gekommen, dies auch tatsächlich zu erklären und sich damit auch dazu zu bekennen.

Ihr „altes" Leben ist Ihr altes Leben, resultierend aus den Entscheidungen, die Sie für sich in der Vergangenheit getroffen haben und den Geschehnissen, die sich daraufhin für Sie eingestellt haben. Das meiste davon ist unbewusst erfolgt, in Unkenntnis der Mechanismen und höheren Zusammenhänge. Das ist jetzt vorbei. Ziehen Sie für sich persönlich gedanklich einen Schlussstrich unter dieses Leben, auch wenn die Auswirkungen natürlich noch eine ganze Zeitlang spürbar sein werden und erst nach und nach in Ihr neues Leben „einsickern".

Stellen Sie sich vor den Spiegel und sagen Sie zu sich, geloben Sie sich, dass Sie mit dem heutigen Tage die Verantwortung für Ihr Leben übernehmen und Sie Ihr Leben nunmehr nach Ihren eigenen Wünschen und Vorstellungen wissentlich gestalten werden. Die einzige Person, für die sie verantwortlich sind, sind Sie selbst! Machen Sie einen feierlichen Schwur daraus, dies ist der vielleicht ausschlaggebendste Moment in Ihrem Leben! Seien Sie bereit für die sich daraus ergebenden Veränderungen, freuen Sie sich darauf, empfinden Sie diese Freude wie ein Kind, das ein neues, grandioses Spiel entdeckt hat und sich völlig davon vereinnahmen lässt. Schwören Sie, mit dieser Macht sorgsam und verantwortungsvoll umzugehen und anderen ein Vorbild zu sein. Lächeln Sie sich aufmunternd zu, beglückwünschen Sie sich zum Start zum vielleicht größten Abenteuer Ihres Lebens, empfinden Sie Dankbarkeit für diese ungeheuerliche Chance und Möglichkeit, versprechen Sie auch, nachsichtig mit sich zu sein, aber den Weg dennoch zu gehen mit aller Konsequenz und sprechen Sie laut zu sich: ***„Und so soll es sein!“***

## 5. Die praktische Umsetzung

Grau ist alle Theorie, letztendlich ist nur die erfolgreiche praktische Umsetzung das, was wirklich zählt, und bekanntermaßen ist der Teufel ein Eichhörnchen. Wenn Sie also die theoretischen Grundlagen des göttlichen Resonanzgesetzes verstanden haben, geht es jetzt an die praktische Anwendung. Es ist beileibe nicht so leicht, wie Sie vielleicht denken mögen, und viele von Ihnen fühlen sich jetzt unter Umständen an das sogenannte „positive Denken“ erinnert, das eine zeitlang ungeheuer populär war, das beinahe als alleinseligmachendes Heilmittel galt, das als Schlagwort „denk positiv“ in aller Munde war, bis es quasi übernacht wieder in der Versenkung verschwand.

Durch die rosarote Brille des positiven Denkens sieht alles anders aus, wurde lauthals verkündet, und tatsächlich sah alles anders aus. Es änderte sich nur leider nichts und blieb alles dasselbe beziehungsweise beim Alten. Und auch das berüchtigte halbleere Wasserglas wollte nicht voller werden als halbvoll.

## 6. Die Abgrenzung zum positiven Denken

Es ist deshalb unverzichtbar, an dieser Stelle eine Abgrenzung zum positiven Denken zu schaffen beziehungsweise den fundamentalen Unterschied aufzuzeigen. Es ist unbestreitbar richtig und auch gesund, grundsätzlich eine positive Einstellung zum Leben zu haben und die Dinge positiv zu sehen. Das ist nicht mehr aber auch nicht weniger als eine gesunde, positive Lebenshaltung, wie sie eigentlich einem jeden Menschen von vornherein innewohnen sollte.

Auch das Resonanzgesetz reagiert auf positive Gedanken positiv, wie wir vorhin erfahren haben. Wenn ich also einen Pessimisten, einen Menschen, der eine grundsätzlich negative Erwartungshaltung und Weltanschauung besitzt, durch das positive Denken dazu bewegen kann, einen grundsätzlich optimistischen Standpunkt einzunehmen, habe ich viel erreicht. Diesem Menschen ist zweifellos geholfen und seiner Umwelt noch viel mehr. Allerdings hört genau hier die Wirkungsweise des positiven Denkens auch schon auf. Sie taugt nicht mehr aber auch nicht weniger dazu, die Menschen dazu zu bringen, allgemein positiv zu denken, sich also einer optimistischen Grundhaltung zu bedienen und einen in dieser Hinsicht veränderten Blickwinkel einzunehmen. Das allerdings, was betrachtet wird, bleibt gleich und verändert sich nicht. Aber genau das ist ja der Knackpunkt.

Was hilft es mir, meine Stapel von Rechnungen, mein chronisch überzogenes Bankkonto und meinen nervigen Chef mit Wohlwollen zu betrachten und mir zu versuchen einzureden, dass das doch alles okay ist und es womöglich noch viel schlimmer sein könnte. Meine Aufmerksamkeit bleibt dennoch auf all das gerichtet, was mir nicht gefällt, was mir Kummer bereitet, was ich loswerden möchte. Nur die Farbe des Elends hat sich geändert. Erreicht wird dadurch gar nichts. Ich werde keinerlei Veränderung dadurch bewirken, indem ich mir einrede oder weiszumachen versuche, alles sei wunderbar, wenn ich genau weiß, dass es eben nicht so ist. Dass ich nicht mehr ein noch aus weiß mit den vielen Rechnungen, ich endlich einmal wieder einen ausgiebigen Urlaub machen möchte und meinem Chef am liebsten dreimal täglich sagen würde, er kann mich mal...

Das ist die Realität, so stellt sie sich dar und nicht anders, da mag ich zehn rosarote Brillen übereinander aufsetzen. Deshalb ist das positive Denken in letzter Konsequenz nichts anderes als ein Übertünchen des Moders, der unter der Tünche so lange weiter rottet, bis die ganze Wohnung unbewohnbar geworden ist. Oder Sie ein Magengeschwür bekommen haben. Oder irgendwann ausrasten, weil Sie zu einem bestimmten Zeitpunkt erkannt haben, dass sich eben nichts ändert: *Nichts wird sich jemals ändern!* Diese Gewissheit wird Sie ebenso zur Strecke bringen wie sie das positive Denken zur Strecke gebracht hat und mit ihm eine Heerschar von rosaroten Brillen Tragenden, die sich wie Lemminge, jubilierend vor Glück und Seligkeit über die Klippe ihres eigenen Elends gestürzt haben. Also vergessen Sie alles, was Sie jemals über das positive Denken gehört oder gelesen haben oder betrachten Sie es als hübsches Spielchen für notorische Pessimisten.

Und jetzt, nachdem wir das positive Denken so schnöde beerdigt haben, können wir darangehen, uns an die wirklichen Veränderungen zu machen. Das göttliche Resonanzgesetz ist genau dafür geschaffen worden, es wirkt auf eine verblüffend einfache und plausible Weise, immer und überall und bei jeder Person, ob sie nun will oder nicht, ob sie sich der Gesetzmäßigkeit bewusst ist oder nicht. Das, worauf es ankommt - und das ist genau das Schwierige daran - ist, die Gesetzmäßigkeit so zu steuern beziehungsweise sich ihr in einer Form zu bedienen, dass sie auch so wirkt, wie Sie sich das vorgestellt und gewünscht haben. Also einen wissentlichen Prozess des Erschaffens oder auch Manifestierens einzuleiten, durchzuführen und zu beenden. Das ist die Kunst. Und wenn einer der folgenden Schritte fehlt oder nicht genau beachtet und eingehalten wird, wird der Prozess nicht funktionieren beziehungsweise nicht zum gewünschten Ergebnis führen. Keinesfalls.

Deshalb hat das positive Denken nicht zum Erfolg geführt, deshalb führen viele andere Modelle, die vom Ansatz her durchaus richtig sind, aber eben nicht viel mehr als ein Teilaspekt, ebenso wenig zum Ziel. Die Gesetzmäßigkeiten des göttlichen Resonanzgesetzes sind ein komplexer Prozess, und ich lernte Menschen kennen, die intuitiv alle Schritte beherzigt und ohne Anstrengung und Überlegung das göttliche Resonanzgesetz mit wunderbarem Erfolg täglich angewendet haben, aber das ist die Ausnahme. Und das ist auch gut so, denn die Komplexität wirkt wie ein eingebauter Schutzmechanismus. So wird verhindert, dass jedermann, wie er gerade lustig ist und es ihm belieben mag, sich des göttlichen Resonanzgesetzes bedient. Das ist nicht im Sinne des Schöpfers. Und so werden Dilettanten ferngehalten oder können keinen Schaden verursachen.

## 7. Die Anwendung des göttlichen Resonanzgesetzes

Die Anwendung des göttlichen Resonanzgesetzes erfolgt in sieben aufeinander abgestimmten Schritten. Halten Sie sich bitte genau an diese Reihenfolge, ansonsten werden sich die gewünschten Resultate nicht einstellen. Genauso wichtig ist, dass Sie jedes Mal (also bei jedem einzelnen Wunsch) die Abfolge komplett absolvieren. Lassen Sie einen Schritt aus, funktioniert das Prinzip nicht und Sie werden nur Teilergebnisse erzielen. Experimentieren Sie nicht herum und verändern Sie nichts, alles ist vollständig und perfekt, so wie es ist. Wenn Sie sich an die nachfolgenden Regeln, Anleitungen und Hinweise halten, werden Sie schnell und exakt genau die Ergebnisse erzielen, die Sie sich gewünscht haben.

Die in diesem Zusammenhang beschriebenen Übungen sind hilfreich und in der Praxis erprobt und bewährt, sie sind jedoch kein „Muss". Fühlen Sie sich jedoch von einer der Übungen angesprochen, so wird diejenige sicherlich hilfreich für Sie sein. Wenn Sie bei einem Schritt noch nicht sicher sind oder sich unsicher fühlen und Zweifel haben, ob sie es richtig gemacht haben, wiederholen Sie ihn einfach. Spielerisch und ohne Zwang und Druck. Das ist vielleicht das Wichtigste dabei: *Setzen Sie sich niemals unter Druck!* Wenn Sie sich dazu zwingen müssen, wird es nicht funktionieren. Vollziehen Sie die beschriebenen sieben Schritte freudig, das heißt in einer geeigneten Atmosphäre der Ruhe und Freude, des inneren Friedens, in einer entspannenden, positiven Umgebung. Wenn diese Bedingungen zuhause nicht gegeben sind, dann suchen Sie sich einen anderen, geeigneteren Platz.

In einem Zustand der inneren Harmonie und freudiger Erwartung wird es Ihnen bedeutend leichter fallen, das zu schaffen, was Sie schaffen möchten. Ideal ist es, sich einen besonderen Platz dafür zu schaffen, einen „heiligen Ort", an dem Sie völlig ungestört sind und an dem Sie sich rundum wohlfühlen. Machen Sie ein Ritual daraus, Ihre Übung des Erschaffens durchzuführen. Wählen Sie eine bestimmte Stunde des Tages oder auch einen bestimmten Tag, stimmen Sie sich auf die Übungen ein und freuen Sie sich auf die Resultate. Bei entsprechender Konzentration kann man die Übungen aber auch abends im Bett machen. Die Zeit vor dem Einschlafen (vorausgesetzt, man ist nicht zu müde oder emotional gestresst) ist eine wunderbare Zeit, sich dem göttlichen Resonanzgesetz anzuvertrauen und auf seine ganz persönliche Verwirklichungsreise zu gehen. Bleiben Sie dabei, geben Sie nicht auf, kontinuierliche Übung macht auch hier den Meister, und es ist bekanntermaßen noch keiner vom Himmel gefallen.

Wahrscheinlich hat es seinen tieferen Grund, dass es ausgerechnet sieben Schritte sind, denn die Zahl 7 gilt als eine heilige Zahl und gleichzeitig Zahl der Heilung, die in der Bibel laufend vorkommt: Die Erde wurde an sieben Tagen geschaffen, es gibt sieben Weltwunder und sieben Erzengel, der Regenbogen hat sieben Farben. Das Vaterunser umfasst sieben Bitten, es gibt die sieben Freuden der Maria, die sieben Gaben des heiligen Geistes, die sieben Worte Christi am Kreuze, die sieben Todsünden, die sieben Sakramente. In der jüdischen Religion kennt man den siebenarmigen Leuchter, der Sabbat (7. Tag) gilt als geheiligter Ruhetag, das Fest der ungesäuerten Brote und das Laubhüttenfest dauerten jeweils sieben Tage. Im antiken Griechenland verkörperte die 7 die Union der vier Elemente (Feuer, Wasser, Erde, Luft) mit den drei Gliedern der Familie (Vater, Mutter, Kind). Die 7 ist die Zahl der Vollendung, die 7 ergibt sich aus der Addition der Zahlen 3 und 4, also der Verbindung von Geist und Materie. Und genau das ist es ja auch, was dem göttlichen Resonanzgesetz innewohnt: Die Verbindung von Geist und Materie.

Und hier sind die sieben Schritte zur vollständigen Anwendung des göttlichen Resonanzgesetzes, sie werden einzeln kurz aufgeführt und im Nachfolgenden ausführlich erklärt:

### Die sieben Schritte zur vollständigen Anwendung des göttlichen Resonanzgesetzes

1. **Ich will es (ich schaffe Form)**
2. **Ich fühle und spüre es (ich schaffe Inhalt)**
3. **Ich lasse es zu**
4. **Ich heiße es willkommen**
5. **Ich sehe es als Tatsache an**
6. **Ich empfinde Dankbarkeit**
7. **Ich erwarte es**

Dies sind die sieben Farben zur Komplettierung Ihres Regenbogens. Fehlt eine der Farben, ist der Regenbogen nicht komplett und wird niemals am Himmel für Sie strahlen. Sie sind vollständig und in ihrer Reihenfolge aufeinander abgestimmt, es gibt daran nichts zu ändern oder zu ergänzen, diese sieben Schritte sind der Schlüssel zur Anwendung des göttlichen Resonanzgesetzes.

#### 1. Ich will es

Als ersten der sieben Schritte gilt es, Ihr Ziel beziehungsweise Ihren Wunsch zu definieren. Sie müssen sich *klar* (im besten Sinne) darüber werden, was Sie genau wollen. Ungenaue oder unklare Vorstellungen ergeben immer unklare oder ungenaue Ergebnisse. An dieser Stelle ist es nicht anders als mit dem Computer: Er führt genau das aus, 1:1, was ich eingebe. Er denkt nicht nach und bewertet nicht. Und genauso verhält es sich auch bei Schritt eins des göttlichen Resonanzgesetzes: Es denkt nicht nach und bewertet nicht, sondern führt das aus oder nimmt zunächst einmal das auf, was Sie eingeben. Also überlegen Sie vorher und definieren Sie genau, was Sie haben wollen.

Elementar dabei ist, dass Sie keinesfalls *negativ* definieren, sondern ausschließlich *positiv*. Ein „Nicht" existiert in der Sprache des göttlichen Resonanzgesetzes nicht. Sagen Sie also niemals *„Ich will nicht mehr dick sein"*, sondern formulieren Sie Ihren Wunsch positiv und bereits auf Ihr Ziel bezogen, also z.B. *„Ich wiege exakt 58 Kilogramm."* Nicht *„Ich will nicht mehr einsam sein"*, sondern *„Ich begegne meinem Traumpartner, meinem Idealpartner"*. Sprechen und wünschen Sie dabei auch ausschließlich in der *Gegenwart*. Nicht *„Ich werde meinem Traumpartner begegnen"*, sondern *„Ich begegne meinem Traumpartner"*. Nicht *„Ich werde eine Villa am Meer besitzen"*, sondern *„Ich wohne in einer Sieben-Zimmer-Villa am Meer"*. Formulieren Sie in der Zukunft, werden auch die Resultate irgendwo in einer verschwommenen Zukunft liegen. Und das, was Sie wollen, wollen Sie ja *jetzt* und nicht erst in zehn Jahren. Definieren Sie Ihr Ziel dabei möglichst genau, sofern das möglich oder sinnvoll ist. Träumen Sie zum Beispiel von einem neuen Auto, so ist es sowohl möglich als auch sinnvoll, exakt zu definieren, was Sie wollen: *„Ich bin stolzer Besitzer eines neuen Traum-Cabriolets. Mitternachtsblau mit Sitzen in Crème-Leder."*

Damit ist das Ziel klar umrissen und reicht für Schritt 1 vollkommen aus. Handelt es sich um den Wunsch nach einer Person (z.B. eben Ihrem Traumpartner), so empfiehlt es sich, auch hier in den Details, die einem wirklich wichtig sind, genau zu sein: *„Ich wünsche mir meinen Traum-Mann. Er ist* *einen Meter fünfundachtzig groß, hat schwarze Haare, ist schlank und hat viel Humor. Er trägt mich auf Händen, und ich liebe ihn von ganzem Herzen. Jeder Tag mit ihm ist von Freude und Begeisterung erfüllt.“* Auch hier sind die wichtigsten Kriterien genannt, die natürlich variieren können, ganz nach Ihrem Geschmack und Ihrer Vorstellung.

Sie können sich hier wirklich austoben. Vergessen Sie allerdings nicht, die Bezeichnungen Traum-Mann, Ideal-Gefährtin, Seelen-Partner o.Ä., denn dies ist das ausschlaggebende Kriterium schlechthin, denn was wollen Sie mit einem tumben Adonis, den Sie nach wenigen Wochen satt haben. Wichtig ist auch zu beachten, dass Sie sich niemals auf eine bestimmte Person fixieren. Sie können sich wohl ein Treffen oder eine Begegnung mit Sean Connery herbeiwünschen, und wenn Sie alles richtig machen, wird das wahrscheinlich auch dazu kommen, aber sich einen Filmstar (noch dazu möglicherweise bereits liiert) als Traumpartner zu wünschen, davon rate ich dringend ab, weil dieser Wunsch aller Wahrscheinlichkeit nach einen Widerspruch in sich birgt. Wenn Sean Connery nach den auf gegenseitige Harmonie ausgerichteten Gesetzmäßigkeiten des göttlichen Resonanzgesetzes eben nicht als „Traumpartner“ für Sie passt oder eben nicht auf Sie anspricht, dann ist alles Wünschen vergebens. Also hüten Sie sich davor, Menschen, die Sie sich erwünschen, zu personalisieren. Das trifft auch für die Frau Ihres Nachbarn oder den Freund der besten Freundin zu. Es geht nicht darum, jemand anderem jemand wegzunehmen, den man attraktiv findet oder sogar begehrt, sondern nach den höheren, auf absolute Harmonie ausgerichteten Gesetzmäßigkeiten des Universums, denjenigen Menschen anzuziehen, der diesen Kriterien ideal entspricht. Und mehr kann man - bei Gott - doch wohl nicht erwarten.

Hüten Sie sich auch davor, sich Dinge zu wünschen, die

Sie selbst für vornherein für absurd oder völlig unmöglich halten. Wer achtzig Jahre alt ist, kommt wohl kaum mehr für den Beruf eines Astronauten in Frage, und wer nun wirklich keinerlei „Stimme“ hat, sollte sich nicht als begnadeter Opernsänger sehen. Solche vollkommen unrealistischen Wünsche werden spätestens an Punkt 5 scheitern. Und das hat auch nichts damit zu tun, das System einmal auf die Probe stellen zu wollen. Wünschen Sie das, wonach Sie sich ehrlich und tief sehnen. Wünschen Sie sich Ihr Leben so, wie Sie es sich für sich idealerweise erträumen. Eine Villa am Meer ist genauso erreichbar wie ein gut gefülltes Bankkonto. Keinerlei objektive Gründe sprechen gegen solche Wünsche. Auch die Idealfigur, der Traumpartner, die Weltreise, der Wunschberuf oder umfassende Gesundheit zählen dazu. Wenn es Ihnen hilft, machen Sie eine Skizze (von Ihrem Traumhaus beispielsweise) oder schreiben die für Sie unverzichtbaren Attribute Ihres Traumpartners auf. Beschränken Sie sich allerdings zunächst auf einen Wunsch, Ihren ersten. Wünschen Sie sich das, was Ihnen am meisten am Herzen liegt oder am dringlichsten ist und lassen Sie alles andere zunächst beiseite. Wenn Ihr erster Wunsch alle sieben Stufen erfolgreich durchlaufen hat und Sie eine gewisse Sicherheit und begleitend dazu ein Wohlgefühl dabei erlangt haben, ist es an der Zeit, den zweiten Wunsch zu formulieren und loszuschicken. Bedenken Sie, dass Sie mit der entsprechenden Gründlichkeit und Konzentration schnell an Erfahrung gewinnen und sich sehr schnell die ersten Resultate zeigen werden. Sie werden dann auch an Sicherheit gewinnen, bis es soweit ist, dass Sie ganz automatisch und spielerisch zum Herrscher und Erschaffer Ihres Lebens geworden sind.

Das, was Ihnen zur Hand gegeben wird, ist eine gewaltige Macht, also haben Sie ein wenig Geduld und geben Sie sich Zeit. Es ist wie beim Autofahren. Sie benötigen das theoretische Wissen und ein ausreichendes Maß an praktischer Erfahrung. Wenn Sie ohne diese Voraussetzungen losfahren, ist der erste Unfall vorprogrammiert. Und was Ihnen mit dem göttlichen Resonanzgesetz zur Hand gegeben wird, ist kein Kleinwagen, sondern ein Sportflitzer.

Bei manchen Wünschen - gerade den „kleineren", genau definierten, bietet sich an, diese beziehungsweise das gewünschte Eintreffen mit einem Datum zu versehen. Fehlen Ihnen also Mitte Juni z.B. fünfhundert Euro, um am Monatsende die fälligen Rechnungen zu bezahlen, dann wünschen Sie sich „das Eintreffen eines unerwarteten Betrags von fünfhundert Euro bis 30. Juni". Das ist keine von vornherein unrealistische Bitte und außerdem schaffen Sie sich damit auch eine Kontrolle, ob Sie mit Ihrem Wunsch Erfolg und demzufolge alles richtig gemacht haben oder eben auch nicht. Im Erfolgsfall wird Sie das zusätzlich beflügeln und motivieren, falls es nicht geklappt hat, können Sie mit Gewissheit davon ausgehen, dass Sie einen der genannten sieben Punkte nicht berücksichtigt oder nicht richtig ausgeführt haben. Aber dann haben Sie zumindest nicht viel Zeit verloren und können das Programm nochmals Schritt um Schritt überprüfen.

Bei manch anderen Wünschen, den eher „großen", mehr allgemeinen und nicht so eindeutig definierten, macht es keinen Sinn und wäre demzufolge kontraproduktiv, ein (kurzfristiges) Datum mit einzuschließen. Wünschen Sie sich Ihren Traumpartner, den Sie zudem mit den für Sie wichtigsten Attributen versehen haben, dann überlassen Sie es ruhig dem Resonanzgesetz, den richtigen Seelengefährten auf Sie einzustimmen und die entsprechende Begegnung herbeizuführen. Seien Sie sicher, dass dies funktioniert und haben Sie Vertrauen. Wenn Sie sich im Januar bis zum Jahresende (aber dann bitte das Jahr auch präzise nennen) das Kennenlernen dieses Seelengefährten wünschen, ist auch hier gegen das Mit-aufden-Weg-Geben eines Wunschdatums nichts einzuwenden. Wovor Sie sich auf alle Fälle hüten sollten, ist, Ihren Wunsch auszuplaudern, denn das nimmt ihm die Energie oder einen Teil der Energie, die Sie ihm mit auf den Weg gegeben haben (siehe Punkt 2). Ebenso empfiehlt es sich, gerade im Anfangsstadium des Übens und Einstimmens auf das göttliche Resonanzgesetz, nicht sofort andere Menschen, und sei es aus der eigenen Familie - darüber und über die damit verbundenen Pläne und Absichten in Kenntnis zu setzen (siehe auch weiter unten).

Die wichtigsten - wiederum sieben Punkte - des **ersten** Schrittes sind also:

- Den Wunsch klar und präzise definieren und äußern,
- den Wunsch immer positiv formulieren,
- den Wunsch in der Gegenwartsform (Präsens) formulieren,
- sich immer nur auf *einen* Wunsch beschränken,
- keinen Wunsch formulieren, der anderen etwas oder jemand wegnimmt oder von vornherein absurd ist,
- den Wunsch - sofern zweckmäßig und nicht vollkommen unrealistisch - mit einem Datum versehen,
- seinen Wunsch nicht ausplaudern, Stillschweigen bewahren.

Im Rahmen des Dargestellten sind Ihnen ansonsten alle Freiheiten erlaubt, wenn Sie sich nicht gleich an etwas „Großes“ heranwagen wollen (wobei es für das göttliche Resonanzgesetz keinerlei Unterschied macht), beginnen Sie zunächst mit einer Kleinigkeit. Wünschen Sie sich z.B. einen unerwarteten Geldeingang von fünfhundert Euro innerhalb der nächsten vier Wochen. Oder eine unerwartete Einladung zum Dinner.

Irgendetwas, was Sie für durchaus möglich und realistisch halten, aber eben nicht unbedingt erwarten würden. Das ist für Viele ein guter Anfang, die nicht sofort auf die Suche nach dem Traumpartner oder der Luxusvilla gehen wollen. Wenn Sie sich dabei gut fühlen, fangen Sie eben klein an. Bedenken Sie, dass Sie erst am Anfang der vielleicht größten Reise Ihres Lebens stehen, und da spielt es keine Rolle, zunächst einmal ein paar kleine, tastende Schritte zu gehen, um das Terrain zu sondieren. Handhaben Sie das so, wie es sich für Sie richtig anfühlt. Sie stehen weder unter Druck, noch in irgendeinem Wettbewerb und es werden auch keine Noten verteilt. So gesehen können Sie nichts falschmachen. Nehmen Sie sich die Zeit, in Ruhe zu überlegen und zu fühlen. Und fällen Sie dann Ihre Entscheidung, die wahrscheinlich von den anderen sechs Schritten, die Sie noch erfahren werden, zusätzlich beeinflusst sein wird.

Erzählen Sie in diesem Anfangsstadium zu Ihrem eigenen Schutz niemand etwas von dem, was Sie da vorhaben oder sich wünschen und woran Sie arbeiten. Sie befinden sich gerade erst in der Experimentierphase, können noch keine eigenen positiven Erfahrungen, Resultate oder Ergebnisse vorweisen und sind noch unsicher in dem, was und wie Sie es tun. Andere werden Sie in diesem Stadium nur verunsichern oder ganz aus der Bahn werfen. Sie benötigen in diesem Stadium auch weder den Rat noch die Meinung von anderen Personen. Es ist Ihr Leben und Ihr Weg, also gehen Sie ihn zunächst allein. Später wird noch genug Zeit sein, anderen dabei zu helfen oder Vorbild zu sein.

## 2. Ich spüre und fühle es

Haben Sie Ihren Wunsch klar und präzise formuliert, geht es daran, diesem den notwendigen Inhalt zu geben. Form und

Inhalt gehen auch hier immer zusammen. Der Inhalt ist die Energie, mit der Sie die Form anfüllen, um ihr die notwenige Kraft und Durchsetzungsstärke zu geben, das Benzin gewissermaßen, ohne das der herrliche Wagen, den Sie soeben nach Ihren Wünschen und Träumen eigenhändig gebaut haben, nicht fahren wird. Ohne Inhalt, ohne Sprit, ohne Energie, werden Ihre Wünsche wie flügellahme Vögel am Boden bleiben. Viele Menschen - Ihnen sind sicherlich auch einige bekannt - schaffen sich die kühnsten Traumgebilde, gelten als Tagträumer oder sind unübertroffen im Fantasieren, gelten als sogenannte „Spinner". Manche sogar als „begnadete Spinner", was meistens nichts anderes heißt, als dass sie wunderbare Luftschlösser bauen, die immer wieder in sich zusammenfallen.

Das sind Menschen, die beim ersten Schritt hervorragende Arbeit leisten, jedoch niemals über diesen hinauskommen und ihre Kreationen damit ebenfalls nicht, hauptsächlich natürlich aus Unkenntnis der Zusammenhänge. Also denken Sie an diese Bilder, wenn Sie jetzt Ihren Wunsch klar und deutlich vor Augen haben und diesem jetzt zum Fliegen verhelfen wollen. Denn das, was wir uns wünschen, die Frequenz, die Energie, muss ausgesendet werden, damit sie Widerhall findet und als Manifestation (also als verdichtete Energie) wieder zu uns zurückkommt. Wo nehmen wir also diesen Kraftstoff her, den wir für dieses Vorhaben benötigen? Ganz einfach, diese Energie, diese Kraft haben wir in uns beziehungsweise wir können sie ohne viel Aufwand jederzeit und überall erzeugen, und zwar unbegrenzt. Diese Kraft, diese Energie sind unsere Emotionen. Unsere Emotionen, unsere Gefühle, die wir in Verbindung mit unserem Wunsch empfinden, sind die Batterien, sind der Akku, mit dem wir unsere Wünsche aufladen, bevor wir sie loslassen. Und je stärker unsere Emotionen in Bezug auf unseren Wunsch sind, desto stärker wird der Wunsch mit Energie aufgeladen.

Wie funktioniert das in der Praxis? Nehmen wir an, Sie wünschen sich Ihr Traumauto. Als Schritt eins haben Sie bereits definiert, dass es ein Traum-Cabrio sein soll, neu, in Mitternachtsblau mit Interieur in Crème-Leder. Das ist die Form, so weit, so gut. Um dieser Form jetzt zum notwendigen Inhalt zu verhelfen, müssen Sie sich einfach nur ein paar Dinge vorstellen und dies mit soviel Gefühl und Emotion wie möglich. Wenn dies wirklich Ihr absolutes Traumauto sein sollte, dürfte Ihnen das nicht allzu schwer fallen. Das nennt man Visualisierung und ist eine Technik, die u.a. im Hochleistungssport angewendet wird, um Sportlern zu Höchstleistungen zu verhelfen.

Also: Setzen Sie sich an einen ruhigen Platz, entspannen Sie sich und los geht's:

Stellen Sie sich als erstes Ihr Traumauto in allen Einzelheiten vor. Entweder beim Autohändler, wo Sie es kaufen oder schon zuhause bei sich vor der Garage.

- Sehen Sie *sich* (das ist ganz wichtig), wie Sie voller Stolz um das Auto herumgehen und es von allen Seiten bewundern. Sehen Sie das Strahlen des Lacks vor sich, streichen Sie über das Verdeck, spüren Sie das Metall. Achten Sie darauf, dass alle Ihre Sinne angesprochen und involviert sind. Empfinden Sie Ihre unbändige Freude darüber, dass dieses herrliche Fahrzeug, dieser Traum auf vier Rädern jetzt Ihnen gehört, *Ihnen!* Achten Sie genau darauf, wie sich das anfühlt und genießen Sie es.

- Wenn Sie wollen, können Sie an dieser Stelle auch z.B. Ihre Frau oder Ihre Kinder dazu visualisieren, wie Sie Ihnen voller Stolz und Zuneigung auf die Schulter klopfen. Oder die Nachbarn, die anerkennend über die Hecke schauen und laut applaudieren. Vielleicht kommt auch der Autoverkäufer dazu, gratuliert Ihnen, beglückwünscht Sie zu Ihrem wunderbaren neuen Fahrzeug und überreicht Ihnen den Schlüssel. Spüren Sie die Freude darüber und nehmen Sie den Schlüssel freudig entgegen, spüren Sie den Schlüssel in Ihrer Hand (Tastsinn), schauen Sie ihn an und werden Sie sich klar darüber, dass dieses Auto jetzt Ihnen gehört. Spüren Sie Ihren Stolz und Ihre Freude.

- Jetzt schließen Sie das Auto auf und öffnen die Tür. Schauen Sie hinein: Es ist alles genauso, wie Sie es sich vorgestellt und gewünscht haben. Fahren Sie mit den Händen über die crèmefarbenen Ledersessel und riechen Sie das Leder (Geruchssinn). Ist das nicht das schönste Auto auf der ganzen Welt? Und jetzt gehört es Ihnen. *Ihnen.* Nehmen Sie sich die Zeit und genießen Sie das Gefühl und dann steigen Sie ein. Fühlen Sie das Leder, riechen Sie es, berühren Sie das Lenkrad, fahren Sie über die Armaturen. Ein Traum! Und tatsächlich hundertprozentig so, wie Sie es sich vorgestellt und gewünscht haben.

- Wenn Sie wollen, lassen Sie ruhig einmal den Motor an und lauschen Sie dem wundervollen sanften Schnurren. Kraft und Stärke. Beglückwünschen Sie sich innerlich zu diesem Traum von Fahrzeug. Sagen Sie sich, dass Sie ein Glückspilz sind. Steigen Sie aus und sehen Sie sich, wie Sie vom Autoverkäufer die Fahrzeugpapiere entgegennehmen. Spüren Sie die Papiere in Ihren Händen und hören Sie ihn sagen: „Dieses Fahrzeug gehört jetzt Ihnen, Herr/Frau..., ich wünsche Ihnen ganz viel Freude damit.“

Damit können Sie die Augen öffnen und sich selbst noch einmal sagen: *„Ja, dieses Fahrzeug gehört jetzt mir und bald wird* *es bei mir eintreffen. Ich warte schon sehnlichst darauf.“* Und spüren Sie der Freude noch einmal nach, wie es sein wird, wenn Sie das Auto in Empfang nehmen und welchen Stolz und welche Genugtuung Sie dabei empfinden.

So oder ähnlich sollte eine Visualisierung für einen Wunsch verlaufen. Sie sind natürlich vollkommen frei darin, wie Sie sich die jeweilige Situation selbst erschaffen und vorstellen.

Zu beachten sind jedoch unbedingt die folgenden Punkte:

- Sie müssen sich selber im Bild sehen und spüren;
- am besten in vertrauter Umgebung.
- Alle Ihre fünf Sinne sollten beteiligt sein, dadurch wird der Realitätscharakter bestätigt.
- Andere Personen sollten beteiligt sein, die sich freuen und Ihnen gratulieren o.Ä. *(Bestätigung Dritter).*
- Versuchen Sie, bei all dem, was Sie dort sehen oder tun, möglichst viel Emotion hineinzulegen und möglichst viel zu empfinden. Es kann gar nicht genug sein. Je mehr Emotion im Spiel ist, desto mehr Kraft hat Ihr Wunsch und desto größer die Aussicht auf rasche Verwirklichung.

Ihrer Fantasie sind bei der passenden Ausgestaltung Ihres Wunsches keinerlei Grenzen gesetzt, gestalten Sie jedoch alles so, wie es für Sie sinnvoll, passend, der Situation angemessen und logisch erscheint. Bezüglich des Wunsches nach Ihrem Traumpartner könnte das das gemeinsame Buchen der Hochzeitsreise im Reisebüro sein, bezüglich Villa am Meer z.B. eine Szene, in der Sie mit der Maklerin durch alle Räume gehen, auf der Terrasse den Schlüssel in Empfang nehmen und dann glücklich und zufrieden das Meer, die salzige Luft riechen, den Wind in Ihren Haaren spüren, die Grillen zirpen und das Meeresrauschen hören, während Sie sich mit einem Cocktail zuprosten etc.

Verstärkend wirkt - jedoch nur bei konkreten, gegenständlichen Wünschen - sich nach Durchlauf von Schritt 2 ein Bild des Traumobjekts an die Wand gegenüber vom Schreibtisch o.Ä. zu pinnen, so dass Sie es jeden Tag vor Augen haben. Beim Auto und der Villa bietet sich das in jedem Fall an. So können Sie sich jeden Tag (ggf. mehrmals), wann immer Ihr Blick mit Freude darauf fällt, sagen: „Du gehörst mir. Ich erwarte dich und freue mich auf dich!" Eine solche Vorgehensweise wirkt wie ein Katalysator und verstärkt und beschleunigt die Energie und die Kraft der raschen Umsetzung.

Wenn Sie Lust dazu haben, schaffen Sie sich eine Pinnwand an, auf der Sie Bilder beziehungsweise Abbildungen aller Wünsche oder Wunschobjekte anbringen, sobald Sie sie wie dargestellt visualisiert haben und die sieben Stufen durchlaufen sind, das göttliche Resonanzgesetz also in Gang gesetzt ist. So haben Sie jeden Ihrer Wünsche täglich im Blick und können sich auf sein Eintreffen freuen. Wenn Sie sich eine bestimmte Summe Geldes wünschen, können Sie sich einen entsprechenden, auf Sie ausgestellten Scheck fertigen, beim ersehnten Traumpartner bieten sich unter Umständen Bilder des Landes oder der Gegend an, wohin Ihre geplante Hochzeitsreise gehen wird. Sie werden feststellen, wie viel Spaß das macht, Sie beschäftigen sich zudem intensiv mit Ihrem Wunsch, haben ihn immer wieder vor Augen und können sich darüber freuen. Und sobald eine entsprechende Resonanz eingetroffen ist, können Sie das Bild abnehmen und an einem besonderen Ort - in Ihrer persönlichen Schatzkiste - aufbewahren. Was es mit dieser Schatzkiste auf sich hat, können Sie dann einmal - wenn überhaupt - Ihren Enkeln erzählen.

## 3. Ich lasse es zu

Schritt 1 und 2 haben Sie jetzt erfolgreich hinter sich gebracht (Form und Inhalt). Sie haben Ihren Wunsch klar definiert und mit Kraft und Energie durch Ihre Freude und Ihre Emotionen aufgeladen. Sie können es kaum erwarten, Ihren Wunsch jetzt loszulassen, auf dass er sich schnellstens materialisiere. Bevor wir allerdings tatsächlich so weit sind, ist es unverzichtbar, Ihre Glaubenssätze hinsichtlich Ihres Wunsches einer kurzen Überprüfung zu unterziehen. Viele Menschen formulieren einen wunderbaren Wunsch, füllen ihn auch mit Emotion und Energie, wenn sie an ihn denken, und trotzdem geschieht nichts. Warum? Oft liegt es genau an diesem dritten Punkt, dem man im Überschwang keine oder zu geringe Beachtung schenkt. Bevor Sie Ihren Wunsch definitiv „loslassen", müssen Sie sich unbedingt folgende Fragen stellen und bei deren Beantwortung vollkommen sicher und ehrlich sein:

- Sind Sie ganz sicher, dass Sie es zulassen, dass der Wunsch sich verwirklicht?

Oft - auch unterbewusst - haben Sie gedanklich Barrikaden und Sperren errichtet, die der Verwirklichung Ihres Wunsches entgegenstehen. Das hat viel mit dem Selbstwertgefühl und der Liebe zu tun, die man sich selbst entgegenbringt, darüber müssen Sie sich klar werden.

Wenn Sie nicht ganz sicher sind, dass Sie sich die Verwirklichung Ihres Wunsches auch verdient haben, wird diese höchstwahrscheinlich auch scheitern. Viele Menschen sind sich über diesen Aspekt nicht im Klaren, schicken ihren Wunsch los, aktivieren das göttliche Resonanzgesetz, lassen die Resonanz, also die Manifestation Ihres Wunsches aber - meistens unbewusst - nicht zu oder sperren sich dagegen.

Dies beruht auf den Glaubenssätzen, die die Menschen in sich tragen und die oft so stark sind, dass sie nur ganz schwer zu beeinflussen oder zu ändern sind.

- ... *„Das kann ja gar nicht sein, dass dir so etwas geschieht. Das hast du doch gar nicht verdient. Du bist doch dick/ungebildet/ hässlich, wie kann also so etwas sein? Unmöglich. Völliger Blödsinn. Du hast das Leben, das du verdienst, mehr ist für dich nicht drin und mehr wird auch niemals für dich drin sein. Aus einem hässlichen Entchen wird nicht plötzlich über Nacht ein strahlend schöner Schwan. Das kannst du vergessen. An solche Märchen glaubst du doch wohl selber nicht. Schau dich doch an. So ein armes Würstchen wie du will auf einmal die Welt aus den Angeln heben, dass ich nicht lache. Lass diesen Quatsch sein und komm wieder zur Besinnung. Freue dich an dem, was du hast, das ist bei Gott genug. Anderen geht es noch viel schlechter. Kümmere dich lieber um die drängenden Probleme, anstatt Luftschlösser zu bauen und von diesen ganzen Hirngespinsten zu träumen. Nimm dein Leben an, so wie es ist und konzentriere dich darauf. Lass den anderen Quatsch sein und sei zufrieden mit dem, was du hast. Du bringst dich nur in noch größere Probleme, und schau dich doch mal an, wie du dich lächerlich machst. Das Leben ist nun mal kein Wunschkonzert, oder kannst du mir einen Menschen zeigen, der durch Träumen reich geworden ist? Harte Arbeit, das ist, was zählt. Die gebratenen Tauben, die einem ins offene Maul fliegen, die gibt's nur im Paradies. Also nimm dich zusammen und streng dich an, dann wirst du auch so ein Stück vorankommen. Eine Villa am Meer, ein Sport-Cabriolet, sonst noch Wünsche? Vielleicht ein Top-Model als Freundin gefällig oder ein charmanter Super-Millionär? Merkst du nicht, wie lächerlich das ist? Wie naiv bist du eigentlich? Schau dich an. Schau dich doch an!“*

So oder so ähnlich wird Ihr Unterbewusstsein argumentieren. Ihr Unterbewusstsein, das von Ihren persönlichen Glaubenssätzen so geprägt ist, dass es einfach nicht anders kann, weil genau das Ihren bisherigen Erfahrungen entspricht. Und den Reaktionen und Einflüssen Ihrer Umwelt und Ihrer Umgebung auf Sie. Wie also sollte ein solches Wunder auch möglich sein? Warum um Himmels willen sollten ausgerechnet Sie das verdient haben? Ihr Unterbewusstsein wird womöglich versuchen, Ihren Wunsch zu manipulieren und seine Verwirklichung zu verhindern, denn Ihr Unterbewusstsein ist vor allem auf eines fixiert: den Status quo zu erhalten. Das Unterbewusstsein hasst Veränderungen. Es ist faul und bequem und hat sich mit der aktuellen Lage schon lange arrangiert. Es klebt wie Kleister an dem, was ist und wie es ist. Das heißt nicht, dass es Ihnen Schlechtes will. Es will nur Sicherheit! Und der Zustand, wie man ihn kennt, bedeutet Sicherheit, und auch unangenehme und unbequeme Umstände können Sicherheit bedeuten, wenn man sich an sie gewöhnt hat und sie kennt.

Der andere wesentliche Gesichtspunkt ist das Selbstwertgefühl, das man sich selbst entgegenbringt. Wenn man sich nicht selbst positiv akzeptiert, sondern unter Umständen sogar verachtet, wenn man sich nicht mit Liebe selbst anschauen und ins Gesicht sehen kann, dann können Sie davon ausgehen, dass sich in Ihrem Unterbewusstsein folgender Glaubenssatz fest ausgeprägt hat: Ich verdiene es nicht! Und das Unterbewusstsein wird alles dafür tun, diesen Glaubenssatz zu erfüllen, den Sie ihm eingegeben haben.

Auch in dieser Richtung funktioniert das göttliche Resonanzgesetz, werden Sie sich darüber klar. Die Belohnung wird also erst zu Ihnen gelangen können, wenn Sie fest und ehrlich und auch innerlich davon überzeugt sind, dass Sie sie auch wirklich verdienen. Und zwar als der, der Sie jetzt sind und als der, als den Sie und andere - und damit auch Ihr Unterbewusstsein - sich kennen. Wenn Sie also Probleme damit haben, sich selbst so zu akzeptieren, wie Sie eben sind - und zwar geistig wie körperlich - müssen Sie diesen Punkt zunächst klären und bereinigen, sonst werden Sie bei der Verwirklichung Ihrer Wünsche und Träume auf massive Hindernisse stoßen.

In der Bibel steht nicht umsonst geschrieben: *„Liebe dich selbst wie deinen Nächsten!“* Dieser Aspekt des göttlichen Resonanzgesetzes wurde also von vornherein durchaus bedacht. Und wenn Sie diesbezüglich ein Problem haben, so müssen Sie dies jetzt angehen! Stellen Sie sich vor einen hohen Spiegel, schauen Sie sich an und sagen Sie sich: „Ich bin bereit, mich jetzt so zu akzeptieren, wie ich bin. Ich bin vielleicht nicht perfekt und habe viele Fehler gemacht und werde weiterhin vielleicht viele Fehler machen, aber ich habe das Beste gegeben, das ich konnte. Mit meinem bisherigen Wissen und unter den dementsprechenden Umständen habe ich ganz gewiss das Beste gegeben, das ich konnte. Dessen bin ich gewiss. Und deshalb stehe ich jetzt hier, genauso wie ich bin. Äußerlich wie innerlich. Genauso und nicht anders. Weil es auch gar nicht anders möglich war. Ich bin genauso, wie ich bin und wie es für mich bis heute richtig war. Ich bin so weit gekommen, wie es nur irgend möglich war. Darüber bin ich mir jetzt klar geworden. Deshalb fällt es mir jetzt auch leicht, mich so zu akzeptieren, wie ich bin. Ganz und gar. Allumfassend. Das ganze Wesen, das vollständige Geschöpf, so, wie es jetzt hier vor diesem Spiegel steht. Und dafür liebe ich mich. Ich bin das Beste, was nur möglich war. Dafür liebe und akzeptiere ich mich. Und deshalb habe ich auch die Belohnung verdient, die ich mir so wünsche. Ich verdiene sie und lasse Sie zu.“

Und jetzt können Sie auf Ihr Bildnis im Spiegel deuten

und nochmals bestätigen: *„Du, mein Lieber/meine Liebe, verdienst sie und lässt sie zu. Du öffnest dich, heißt sie willkommen und sie wird zu dir kommen und du wirst sie empfangen mit offenen Armen. Und dafür liebe ich dich!“*

Spüren Sie die Emotionen, die das bei Ihnen auslöst, leben Sie sie aus, vielleicht fühlen Sie sich befreit, vielleicht müssen Sie weinen, vielleicht überkommt Sie ein gewaltiges Gefühl der Erleichterung, nehmen Sie alles so an, wie es kommt. Und wenn Sie dann soweit sind und das Gefühl haben, mit diesem Part angeschlossen zu haben, dann sagen Sie sich: *„Jetzt bin ich bereit dafür. Ich habe mit mir selber meinen Seelenfrieden geschlossen. Ich weiß, dass ich ein wertvoller Mensch bin. Ich habe Hochachtung und Respekt vor mir selbst. Ich bin der Beste, der ich nur sein kann. Und dafür liebe ich mich.“*

Und jetzt rufen Sie sich Ihren Wunsch in Erinnerung, lassen Sie ihn in aller Pracht vor Ihrem geistigen Auge entstehen, lassen Sie ihn funkeln und schimmern und vibrieren vor Energie, spüren Sie Ihre Freude und Ihre Emotion darüber, und dann sagen Sie sich, dieses wunderbar lebhafte, vor Energie vibrierende Bild vor Augen:

- „Und deshalb verdiene ich es!“
- „Und deshalb lasse ich es zu!“
- „Und deshalb geschieht es genau so!“

## 4. Ich heiße es Willkommen

Nachdem Sie jetzt auch den Weg zum tatsächlichen Empfang bereitet und von etwaigen Widerständen geräumt haben, können Sie den vierten Schritt vollziehen, nämlich Ihr Geschenk, Ihren manifestierten Wunsch, Ihre positiv zurückgekommene Resonanz willkommen heißen. Dies ist der letzte Schritt, bevor Ihr Wunsch, Ihre „Aussendung“ auf den Weg gebracht wird und das göttliche Resonanzgesetz aktiviert. Nachdem Sie Ihr Ziel definiert und formuliert und mit Emotion und Gefühl geladen haben, nachdem Sie es zugelassen haben und unumstößlich wissen, dass Sie es auch verdienen, ist es Zeit, es auch willkommen zu heißen. Wichtig ist hier, den Unterschied zum dritten Schritt zu verstehen.

Der dritte Schritt betrifft Sie selbst und etwaige Barrieren, die einer positiven Erfüllung auf *Ihrer* Seite entgegenstehen. Das Zulassen. Den Weg nach innen freimachen. Der vierte Schritt betrifft den Weg nach draußen. Sie arbeiten nicht mehr mit sich, sondern senden ein starkes und unwiderrufliches Signal nach draußen: das Signal, dass Sie jetzt tatsächlich empfangsbereit sind und vorbereitet und dass der Weg frei ist, auch tatsächlich zu empfangen. Werden Sie sich über diesen Sachverhalt ganz klar und führen Sie ihn sich bildlich vor Augen: Sie sind jetzt innerlich vorbereitet und schicken damit ein starkes Signal der Empfangsbereitschaft nach draußen. Dies ist deshalb so wichtig, weil dadurch der Resonanz der Weg zurück geöffnet und geebnet ist. Aus einer Einbahnstraße entsteht jetzt eine zweispurige Strecke, die in beiden Richtungen frei befahrbar ist. Halten Sie sich dieses Bild vor Augen, wenn es für Sie hilfreich ist. Auf der linken Spur schicken Sie Ihre Wünsche los, und auf der rechten Spur kommen sie als Geschenk (in Gestalt der jeweiligen Manifestation) wieder zurück. Das ist doch ein wunderbares Bild, und genauso verhält es sich in der Praxis. Ich sende aus - ich empfange. Ich sende aus - ich empfange. Ein Kanal zum Senden, ein zweiter zum Empfangen. Jetzt kann auch „logistisch gesehen" nichts mehr schief gehen, denn es ist sichergestellt, dass die gewünschte „Ware" tatsächlich geliefert werden kann und den Adressaten auch erreicht.

Dieser wichtige vierte Schritt lässt sich in Form eines wundervollen Rituals zelebrieren, indem Sie tatsächlich eine Flasche Champagner o.Ä. öffnen, das Glas heben, sich Ihren Wunsch noch einmal in all seiner begehrenswerten Pracht vor Augen führen, sich noch einmal bestätigen, dass Sie ihn verdienen und ihn dann mit einem Glas „offiziell“ willkommen heißen. Sprechen Sie es ruhig laut aus und prosten Sie ihm zu: „Ich heiße dich willkommen.“

Und genau *jetzt*, genau in diesem Moment ist der richtige Zeitpunkt gekommen, da Sie Ihren Wunsch auf die Reise schicken. Lassen Sie ihn fliegen wie eine Brieftaube. Stellen Sie sich das gedanklich genauso vor, machen Sie vielleicht sogar eine entsprechende Geste: Jetzt lassen Sie Ihren Wunsch frei, jetzt lassen Sie ihn fliegen, in all seiner Schönheit, mit all der Kraft und dem Schwung, den Sie ihm kraft Ihrer Begeisterung und Ihrer Emotionen verliehen haben. Sie lassen das eine los und erwarten gleichzeitig das andere. Seine Wiederkehr in anderer Form und Gestalt. Empfinden Sie ein starkes Gefühl der Freude und Dankbarkeit dabei, denn Ihr Wunsch ist jetzt frei und auf dem besten Weg sich zu dem zu entfalten, was seine originäre Bestimmung ist.

Sehen Sie ihm gedanklich nach, wie er in die Weiten des Himmels verschwindet, vielleicht segnen Sie ihn, wenn Ihnen danach zumute ist und sagen Sie ihm, dass Sie sich darauf freuen, ihn bald wiederzusehen. Und tatsächlich können Sie ab diesem Zeitpunkt darauf warten, dass geschieht und in Ihr Leben tritt, was Sie sich gewünscht haben. Ihr Part ist jetzt größtenteils erledigt, jetzt ist die andere Seite daran und Sie können sicher und gewiss sein, dass Ihr Wunsch jetzt überstellt ist und so rasch wie möglich umgesetzt wird. Beschert Ihnen das nicht ein wundervolles Gefühl der Vorfreude?

Viele Menschen kreieren wundervolle Visionen, können sich ein paradiesisches Dasein in den schönsten Farben ausmalen, hängen den grandiosesten Tagträumen nach, weiden und ergötzen sich auch an dem, was sie da in Gedanken für sich geschaffen haben, halten es aber fest, behalten es für sich oder wissen ganz einfach nicht, dass sie es loslassen müssen, damit es sich verwirklichen kann. Für viele Menschen mag es hilfreich und ein Trost sein, sich an ihre Träume und Hoffnungen zu klammern, doch zu gewinnen ist damit nichts. Erst wenn Sie Ihren Wunsch loslassen, wenn Sie ihn fertig kreiert, aufgeladen und voller Erwartung und Vertrauen auf seine Verwirklichung auf die Reise geschickt haben, erst und nur dann können Sie auch mit einer Umsetzung und mit einem positiven Ergebnis rechnen. Sie erkennen, dass die Gesetzmäßigkeiten des göttlichen Resonanzgesetzes eine durchaus komplexe Sache sind, und dass man in der erfolgreichen Umsetzung in jeder Phase scheitern kann. Und wahrscheinlich kennen Sie auch Menschen, von denen Sie jetzt mit Bestimmtheit sagen können, in welcher Phase Er oder Sie „feststeckt".

Versuchen Sie bitte nicht, jetzt schon Lehrer zu spielen oder großzügig Ihre Hilfe anzubieten, ich kann nur nochmals davor warnen. Sie sind selbst noch ein Amateur, und es ist nicht angeraten, sich in der derzeitigen Phase Ihres Vorankommens, da es zunächst einmal um Ihr eigenes Leben geht, sich auch noch in das anderer Menschen einzumischen. Das ist nicht angeraten und in den meisten Fällen weder erwünscht noch willkommen. Gehen Sie *Ihren* Weg, arbeiten Sie konsequent und zielstrebig an der Umsetzung Ihrer eigenen Wünsche und Vorstellungen, wenn die Zeit gekommen ist (und sie wird kommen, warten Sie's ab) und Sie aufgrund Ihrer eigenen Erfolge, die irgendwann nicht mehr zu verbergen sind (und auch nicht verborgen werden sollen) gebeten und eingeladen werden, Hilfe zu leisten, dann können Sie dies tun, aber keinesfalls vorher.

## 5. Ich sehe es als Tatsache an

Wenn Sie bis hierher gekommen sind, haben Sie schon eine Menge erreicht und einen Gutteil der Gesetzmäßigkeiten verinnerlicht, wie man das göttliche Resonanzgesetz anwendet und für sich nutzt. Sie sind jetzt soweit, dass Sie Ihren Wunsch erfolgreich gestartet/losgelassen/platziert haben, wie immer man das ausdrücken mag und nun auf das Ergebnis warten. Und genau dies ist vielleicht die wichtigste Phase des gesamten Prozesses und wahrscheinlich die am schwersten zu vermittelnde. An diesem Punkt ist auch die Gefahr, zu scheitern, das heißt eben doch nicht in den baldigen Genuss des gewünschten Ergebnisses zu kommen, am größten, und viele Menschen, die die Punkte 1- 4 verwirklicht beziehungsweise verinnerlicht haben oder sogar intuitiv richtig machen, scheitern genau hier. Warum? Ich will es Ihnen genau aufzeigen, wie man es falsch macht. Wie man sich in dieser Phase völlig logisch und verständlich verhält, den Gesetzmäßigkeiten des göttlichen Resonanzgesetzes unterliegt, aber völlig anders als man denkt.

Völlig zu recht erwarten Sie jetzt, da Sie Ihren Wunsch lanciert haben, aufgrund des göttlichen Resonanzgesetzes auch das entsprechende Ergebnis. Das heißt, Sie befinden sich im Stadium des Wartens. Sie sind sich dessen bewusst, dass Sie jetzt warten. Ihr Bewusstsein ist auf das Warten ausgerichtet oder - noch schlimmer - auf den noch vorhandenen Zustand des Mangels, denn das, was Sie sich gewünscht haben, ist ja noch nicht eingetroffen. Also betrachten Sie voller Erwartung Ihren Zustand des Mangels, der sich ja in Kürze ändern soll, und fokussieren das Warten. Nach den Gesetzmäßigkeiten des göttlichen Resonanzgesetzes senden Sie aber genau dadurch ein starkes Signal des Mangels aus oder ein starkes Signal des Wartens. Und da hierbei ja auch viel Emotion im Spiel ist, sind diese Signale stark aufgeladen und mit viel Energie behaftet und zudem durch die andauernde Wiederholung (tägliche Bestätigung) permanent in Betrieb. Das können Sie sich vorstellen wie ein Dauerfunksignal an den Äther: Ich verspüre diesen Mangel, weil das Gewünschte ja noch nicht da ist und ich sehe mich im Zustand des Wartens.

Durch diese Signale werden die jeweiligen Zustände entsprechend der Wirkungsweise des göttlichen Resonanzgesetzes fatalerweise noch verstärkt, so dass Sie anstatt der gewünschten Änderung unter Umständen eine Verstärkung des derzeitigen Zustandes, also sogar noch eine Verschlechterung der Situation erfahren. Diese Erfahrung machen viele Menschen, die mit den Gesetzmäßigkeiten des göttlichen Resonanzgesetzes nicht vollständig vertraut sind, nur über Halbwissen verfügen oder Bücher gelesen haben, die den Anschein erwecken, man müsse nur positive Gedanken aussenden und seine Wünsche ans Universum schicken und dann geschehen die großen Wunder von selbst.

Nichts geschieht von selbst, das müsste Ihnen inzwischen klar geworden sein. Wir schaffen alles selbst, entweder wissentlich oder unwissentlich. Und selbst beim Versuch des wissentlichen Erschaffens kann man unwissentlich fatale Fehler begehen, deshalb auch diese Warnung. So einfach das göttliche Resonanzgesetz in seiner Wirkungsweise auch sein mag, so frappierend simpel, wenn man es einmal verstanden hat oder meint, es verstanden zu haben, es ist nichts für Dilettanten. Der kreative Schöpfungsprozess hat seine eigenen Schutzmechanismen, die ihn davor bewahren, ohne weiteres von Jedermann angewendet zu werden. Das soll Sie jedoch nicht davon abhalten, konsequent und zielstrebig Ihren Weg weiterzugehen.

Sie sehen also, dass es fatal ist, sich in der jetzigen Situation auf das Warten und auf den Mangel zu konzentrieren, der noch nicht abgestellt ist, und welche Folgen das haben kann. Deswegen heißt der fünfte Schritt nicht umsonst: *Ich sehe es als Tatsache an.*

Das bedeutet, dass es an dieser Stelle für eine erfolgreiche Umsetzung unabdingbar ist, seinen Blickwinkel von der Situation des Mangels, also von den augenblicklichen Gegebenheiten abzuwenden: Sie müssen das, was Sie sich gewünscht haben, als Tatsache ansehen und sich verhalten, als hätten Sie es schon bekommen! Das klingt unlogisch. Und manch einer mag einwenden, dass es auch nicht der Wahrheit entspricht. Aber das göttliche Resonanzgesetz kennt kein Wahr und kein Falsch.

Es funktioniert einfach so, ob uns das nun gefällt oder nicht. Universale Gesetze kennen kein Wahr oder Falsch, sie sind einfach. Machen Sie einfach ein unterhaltsames Spiel daraus, es tut niemandem weh und Sie haben nichts dabei zu verlieren. Und auch wenn es Ihnen in bestimmten Situationen vielleicht schwerfallen mag, spielen Sie „so tun als ob“, spielen Sie „Kaiser für einen Tag“. Und immer, wenn Sie merken, dass Sie in die alte Betrachtungsweise zurückfallen (Mangel, Warten), dann geben Sie sich innerlich einen Stoß und verändern Sie Ihren Fokus und Ihr Verhalten wieder entsprechend. Dieses Zurückfallen wird Ihnen unzweideutig durch negative Gefühle mitgeteilt, an denen Sie selber sofort erkennen, dass Sie vom richtigen Weg abgekommen sind. Das macht gar nichts, so lange Sie sich jedes Mal sanft aber bestimmt wieder in die richtige Richtung manövrieren, ja wäre wahrscheinlich sogar ein Wunder, wenn es nicht vorkommen würde.

In dieser Phase sind also *zwei* Punkte wichtig:

1. *Sehen Sie das, was Sie sich gewünscht haben, als Tatsache an!*

Was bedeutet das? Das bedeutet, dass Sie am Eintreffen des

Gewünschten keinen Zweifel mehr hegen. Nicht den leisesten. Hier verhält es sich wirklich wie mit einem Versandkatalog: Stellen Sie sich einfach vor, Sie haben die Ware (Ihren Wunsch) ausgesucht, bestellt und bereits bezahlt. Die Ware gehört bereits Ihnen. Verstehen Sie das bitte und verinnerlichen Sie das: *Das, was Sie bestellt haben, gehört bereits Ihnen!* Das ist eine Tatsache. Sie kämen ja auch nicht ernstlich auf die Idee, daran zu zweifeln, dass das, was Sie im Versandkatalog bestellt und bereits bezahlt haben, nicht geliefert würde. Auf diese Überlegung würden Sie keinen Gedanken verschwenden, nicht wahr? Sie werden jetzt vielleicht einwenden, dass das, was Sie sich gewünscht haben, in keinem Versandkatalog zu finden ist, doch hier täuschen Sie sich. Im Versandkatalog des Universums sind alle Bestellungen möglich, um einmal beim Beispiel und im Bild zu bleiben. Durch das göttliche Resonanzgesetz können Sie sie aufgeben und sich liefern lassen - wie, das haben Sie zum größten Teil bereits gelernt. Also, räumen Sie jeden, aber auch den allerletzten Zweifel in Ihrem Inneren aus, dass das, was Sie sich gewünscht oder bestellt haben, vielleicht nicht geliefert werden könnte.

Wenn Sie die bisher aufgeführten Schritte beachtet und verinnerlicht haben, wird geliefert, zu hundert Prozent. Wenn Sie sich also das früher genannte Cabriolet gewünscht haben, dann schauen Sie nicht immer voller Verdruss Ihr altes Auto an und denken sich *„Wann kommt denn endlich das neue?“*, sondern führen Sie sich Ihre getätigte Bestellung vor Augen und sagen Sie sich: *„Bin gespannt, wann geliefert wird, freue mich schon jetzt darauf.“* Sie wissen, dass neue Autos eine gewisse Lieferzeit haben, also kann Sie das nicht beunruhigen. Wichtig ist, dass Sie sich fragen: „...*wann* geliefert wird.“ Nicht“... *ob* geliefert wird.“ Denn an der Tatsache, *dass* geliefert wird, darf jetzt kein Zweifel mehr bestehen. Wenn Sie soweit sind, können Sie auch den zweiten Punkt leicht bewältigen:

*2. Verhalten Sie sich so, als hätten Sie es bereits bekommen!*

Auch dieser zweite Punkt ist eminent wichtig zu verstehen: So lange Ihr Bewusstsein darauf konzentriert ist, das Gewünschte noch nicht zu besitzen oder empfangen zu haben, so lange wird auch die Frequenz ausgesendet, es noch nicht zu besitzen, also wird auch die Resonanz erzeugt, es eben noch nicht zu besitzen! Also werden Sie alle ein wenig zu Kindern und spielen Sie das Spiel mit, es ist nicht allzu schwierig und macht mit der Zeit immer mehr Spaß. In der Bibel steht dazu nicht umsonst: *„Wer so echt und einfach glaubt und vertraut wie sie, der gehört zu Gott. Ihnen gehört das Reich Gottes."*

Jesus meint die Kinder und ihren unverrückbaren Glauben. Es muss zu Ihrem vorherrschenden Gedankengut werden, dass Sie das, was Sie sich gewünscht haben, bereits bekommen haben und Sie nicht mehr darum bitten müssen. Das nennt man *Vertrauen*. An dieser Stelle müssen Sie Vertrauen zeigen! In diesem Fall wird ein mächtiges Signal ausgesendet und das göttliche Resonanzgesetz wird alles „unternehmen", die Dinge, Menschen oder Umstände in Ihr Leben zu ziehen, die die Verwirklichung Ihres Wunsches vollziehen. Deshalb können Sie Ihr altes Fahrzeug gelassen und amüsiert betrachten, wohl wissend, dass das neue schon auf dem Weg ist. Es gehört Ihnen ja bereits. Sie sind bereits Besitzer des neuen Wagens, Ihres Traum-Cabriolets. Deswegen ist das, was Sie da sehen, nichts als Vergangenheit. Betrachten Sie es genauso: Vergangenheit. Es ist zwar noch da, hat aber nichts mehr zu bedeuten, Sie sind ja bereits Besitzer des neuen Cabrios. Also, was soll's. Es braucht Sie nicht zu kümmern und nicht zu ärgern. Es hat keinen Belang mehr.

Genau das ist damit gemeint, wenn ich sage: Verhalten Sie sich so, als hätten Sie es bereits! Es hat keinen Belang mehr, es berührt Sie nicht mehr. Sie haben das Neue ja quasi schon in der Hosentasche, also können Sie sich auch so verhalten. Wenn es um einen Geldbetrag geht, dann schenken Sie Ihrem augenblicklichen Mangel einfach keine Beachtung, wohl wissend, ja in absoluter Gewissheit, dass der Betrag, den Sie sich gewünscht haben, bereits zu Ihnen unterwegs ist. Was kümmern Sie Probleme, die bereits gelöst sind? Verhalten Sie sich so, als hätten Sie das Geld bereits in der Tasche, fühlen Sie die Scheine in Ihrer Handfläche knistern. Die Zeiten des Mangels sind endgültig und schon lange vorbei. Sagen Sie sich bei allem Schönen und Erstrebenswerten, das Sie sehen: *„Das alles kann ich mir leisten."* Und fühlen Sie das Geld, wie es bereits zu Ihnen unterwegs ist, wie Sie es magnetisch anziehen.

Wer sich wie ein armer Mann verhält, wird ewig ein armer Mann bleiben. Überlegen Sie vielmehr, was Sie mit Ihrem Geld, das Sie sich gewünscht haben, alles anstellen. Gehen Sie ins Reisebüro, holen Sie sich die Kataloge, die Sie interessieren, suchen Sie sich schon einmal Ihr Urlaubsziel heraus, auch wenn die gegenwärtige finanzielle Lage alles andere als einen Urlaub zulässt. Egal, das hat nichts mehr zu sagen, schenken Sie dem keinerlei Beachtung. Schnee von gestern.

Überlegen Sie, in welchem Restaurant Sie feiern werden, gehen Sie hin und lassen Sie sich einen passenden Tisch zeigen und die Speisekarte mit Ihrem Lieblingsgericht. Das ist jetzt Ihr Leben, das andere ist Vergangenheit. Jeden Tag kann das Geld eintreffen, also seien Sie vorbereitet. Sie wissen, dass Sie es bekommen, also können Sie sich auch so verhalten, als ob Sie es schon hätten! Und damit verstärken Sie Ihren Wunsch und seine Erfüllung und Umsetzung immens, denn das göttliche Resonanzgesetz wird alles tun, um der sozusagen vorweggenommenen Wirklichkeit schnell zu entsprechen. Sie erschaffen mit Ihrem Verhalten nichts anderes als eine Blaupause, die schleunigst mit Leben erfüllt werden muss. Also tun Sie es. Spielen Sie mit, empfinden

Sie Spaß dabei, freuen Sie sich, denken Sie daran, dass es jeden Moment geschehen kann und seien Sie nicht überrascht, wenn es geschieht. Denn wenn Sie alles richtig machen, wird es zweifellos geschehen, und Sie werden den größten Spaß und die größte Freude dabei haben, es immer und immer wieder zu tun. Denn mit jedem Mal wird es einfacher, und mit jedem Mal geht es schneller. Bis Sie irgendwann soweit sind, dass Sie nur noch das tun, was Ihnen Spaß und Freude bereitet. Bis Sie bei dem, was Sie tun eine absolute Glückseligkeit empfinden, die Sie vollends ausfüllt. Bis Sie das Gefühl haben, mitten im Strom des Lebens zu schwimmen, ohne Anstrengung, ohne Mühe. Bis Sie jeden Tag als wahres und herrliches Geschenk genießen können. Bis Sie Ihr eigenes Paradies geschaffen haben.

## 6. Ich empfinde Dankbarkeit

Nachdem Sie also Ihren Wunsch formuliert, mit Energie versehen und für sich selbst zugelassen haben, nachdem Sie seine Manifestation willkommen heißen und sie als Tatsache ansehen, gilt es, dafür auch Dankbarkeit zu empfinden. Wichtig ist es, sich jetzt, an dieser Stelle zu bedanken und nicht erst, wenn das Gewünschte dann eingetroffen ist, denn das beweist Ihr Vertrauen und unterstreicht Ihre Gewissheit, dass Sie nicht daran zweifeln, dass das, was Sie sich gewünscht haben, auch eintrifft. Mit dem Empfinden von Dankbarkeit an dieser Stelle schicken Sie ein mächtiges Signal, das Ihren Wunsch weiter unterfüttert und seine Manifestation weiter beschleunigt und die Verwirklichung sozusagen „unter Zugzwang" setzt. Damit lassen Sie die energetisch bereits vorhandene Form jetzt auch Realität werden, geben Sie ihr Gestalt. Sehen Sie das, was Sie sich wünschen, konkret vor sich oder empfinden Sie den Zustand, den Sie herbeisehnen, als erreicht, nehmen Sie ihn freudig in Empfang und bedanken Sie sich dann dafür, indem Sie zum Beispiel sagen:

- Danke vielmals für dieses wunderschöne Cabriolet, es ist wirklich ein Traum. Ich freue mich wie ein kleines Kind.
- Herzlichen Dank für meine Traum-Villa. Sie ist wirklich genauso, wie ich sie mir immer vorgestellt habe.
- Vielen Dank für den wunderbaren neuen Job. Er ist genauso, wie ich ihn mir immer erträumt habe. Ich freue mich auf diese Arbeit.
- Vielen, vielen Dank für das Zusammenführen mit meinem Traumpartner/meiner Traumpartnerin, meinem Seelengefährten/meiner Seelengefährtin. Das ist für mich das schönste Geschenk überhaupt. Danke, dass ich das jetzt erleben darf.
- Vielen, vielen Dank für soviel Kraft, Energie und Gesundheit, die ich jetzt empfange und empfinde. Es geht mir um soviel besser, ich bin wirklich dankbar dafür.

Oder ganz allgemein, für die kleine Danksagung jeden Tag:

*„Vielen herzlichen Dank für die vielen kleinen und großen Dinge, die sich täglich für mich zum Guten ändern und verbessern. Es ist eine wundervolle und ganz großartige Erfahrung, für die ich unendlich dankbar bin. Ich bin so froh, dass ich die Wirkungsweise des göttlichen Resonanzgesetzes kennenlernen, erfahren und für mich anwenden darf."*

Jedes Mal, wenn Sie sich bedanken, senden Sie ein starkes energetisches Signal aus. Mit dem gesprochenen Wort als solchem, wie auch mit der damit einhergehenden Emotion. Man kann sich gar nicht genug bedanken. Wichtig ist, dass

Sie diese Dankbarkeit auch tatsächlich empfinden und nicht leere Worthülsen auf die Reise schicken. Spüren Sie, fühlen Sie, wie das, was Sie sich gewünscht haben, bereits auf dem Weg zu Ihnen ist. Sehen Sie es schon fertig vor sich, egal, um was es sich handelt. Es ist bereits unterwegs, Sie müssen es nur noch in Empfang nehmen. Also kann es Ihnen keine Schwierigkeiten bereiten, sich auch angemessen dafür zu bedanken. Diese Energie der Dankbarkeit, die Sie aussenden, verstärkt den „Sog" zu Ihnen, also nützen Sie diese Möglichkeit der Verstärkung, zudem bedeutet es einen immensen Vertrauensbeweis, der gewisslich nicht enttäuscht werden wird. Wenn Sie zudem jeden neuen Tag mit freudiger Erwartung auf das Beste und Dankbarkeit dafür begrüßen, haben Sie schon die besten Voraussetzungen für ein gutes und positives Gelingen geschaffen.

## 7. Ich erwarte es

Jetzt stehen wir tatsächlich kurz vor dem Ziel. Ihre Vorbereitungsarbeiten haben Sie mit Bravour abgeschlossen, alle sechs bisherigen Schritte sind von Ihnen mit Freude und viel Energie umgesetzt worden. Ihr Wunsch ist definiert und mit Emotion auf die Reise geschickt worden, Sie haben nicht den allergeringsten Zweifel an seiner Umsetzung und Erfüllung und sind dankbar dafür.

Jetzt kommt es nur noch auf einen einzigen - jedoch elementaren - Punkt an:

*Erwarten Sie es!*

Was auch immer es sein mag, ob es das Traum-Cabriolet, die Villa am Meer, der Seelengefährte oder umfassende Gesundheit ist: *Erwarten Sie es! Und erwarten Sie es jetzt, jeden Augenblick!* Sie haben das Ihre dazu getan, jetzt ist die andere Seite daran, das ihrige zu tun.

Durch die Energie des Erwartens, die Sie aussenden, ziehen Sie die Manifestation Ihres Wunsches sozusagen zu sich heran. Wie ein Magnet. Stellen Sie sich selbst als gewaltigen Magneten vor, der das, was für Sie vorbereitet und fertig ist, jetzt auch an sich heranzieht. Den Weg, auf dem das geschehen kann, haben Sie geebnet, jetzt sorgen Sie auch noch für die notwendige Energie. Erwarten Sie es und ziehen Sie es an. Ziehen Sie es hinein zu sich, in Ihr Leben. Es funktioniert wie beim Drag & Drop auf Ihrem PC: Das, was Sie haben wollen, ist da, und jetzt ziehen Sie es zu sich herüber. Es ist wahrlich nicht schwer. Und doch scheitern viele Menschen gerade eben an diesem letzten Punkt. Sie machen bis dahin alles richtig, vergessen dann aber völlig, das, was Sie sich gewünscht haben, auch tatsächlich zu erwarten. In diesem Fall ist die Manifestation Ihres Wunsches vielleicht schon fertig vorbereitet, wird aber niemals zu Ihnen gelangen. Weil Sie das, was da zur Abholung für Sie vorgesehen ist, nicht zu sich heranziehen. Geliefert wird, aber die Energie zur Lieferung müssen Sie selber beisteuern. Durch Ihre Erwartung.

Wenn Sie also diesen Punkt erreicht haben, setzen Sie sich in Ihren bequemsten Sessel, lehnen sich in aller Ruhe zurück und sagen Sie sich: „Jetzt ist es vollbracht. Jetzt kann ich es voller Gewissheit erwarten." Und damit ist die Phase des Erwartens, die letzte und abschließende Phase eingeläutet. Jetzt ist wichtig, keinen Gedanken mehr an Ihren Wunsch selbst zu verschwenden. Seien Sie sich sicher, alles zu seiner Umsetzung Notwendige ist getan. Mehr können Sie jetzt diesbezüglich nicht mehr tun, im Gegenteil, weitere oder wiederholte Aktionen hinsichtlich der bereits abgeschlossenen Schritte wären zu diesem Zeitpunkt eher hinderlich. Also schließen

Sie das gedanklich ab und konzentrieren Sie sich jetzt einzig und allein darauf, die Umsetzung beziehungsweise Erfüllung Ihres Wunsches zu erwarten. Jeden Moment kann es geschehen, jeden Moment kann er/sie/es um die Ecke kommen, also seien Sie gespannt und erwartungsfroh und vorbereitet. Freuen Sie sich jeden Tag darauf, dass es heute geschehen kann und sagen Sie sich, dass Sie darauf vorbereitet sind.

In diesem - dem wichtigen abschließenden Stadium - sind *zwei* Punkte wichtig und zu beachten:

1. Die sogenannten „Hints" (der Erhalt von Hinweisen)
2. Das richtige vorbereitet Sein

1. *Die sogenannten „Hints"/der Erhalt von Hinweisen*

Während Sie „es" erwarten, werden Sie eine Reihe von sogenannten „Hints", also Hinweisen erhalten. Diese dienen dazu, die Manifestation voranzubringen und ihre Umsetzung zu beschleunigen. Oft sind diese „Hints" notwendig, um die Umsetzung Ihres Wunsches überhaupt einzuleiten, gerade dann, wenn dadurch Sie als Person zu irgendwelchen bestimmten Handlungen veranlasst werden sollen und wenn dies unabdingbar für die weitere Umsetzung Ihres Wunsches ist oder die dazu gedacht und vorgesehen sind, Sie auf Ihrem Weg weiterzubringen. Deshalb ist es wichtig und notwendig, während des gesamten Prozesses der Wunschaussendung und Manifestation auf diese hilfreichen Winke und Hinweise zu achten und diese dann auch wahrzunehmen beziehungsweise umzusetzen und zu befolgen. Gehen Sie deshalb achtsam und aufmerksam durchs Leben, seien Sie offen für diese „Winke des Schicksals", sobald Sie einen Wunsch formuliert und losgeschickt haben. Diese hilfreichen „Hints" können Ihnen jederzeit und überall begegnen und nur zu leicht übersieht man solche Hinweise aus einem reinen Mangel an Achtsamkeit. Mit der Zeit werden Sie ein natürliches Gespür für solche „Hints“ entwickeln, Sie werden genau merken, wann etwas „für Sie gekommen“ ist und dem dann auch freudig nachgehen. Seien Sie sich klar darüber, dass Sie solche „Hints“ weiterbringen, und Sie sie selbst in Ihr Leben ziehen, um Sie auf Ihrem Weg zum Ziel voranzubringen. Oft sind solche „Hints“ auch mit dem Gefühl eines Bauchkribbelns verbunden oder einer Gänsehaut, dies zeigt, dass Sie auf dem richtigen Weg sind.

„Hints“ können in verschiedenartigster Gestalt und oftmals aus dem „Nichts“ auftauchen:

- Als hilfreiches Buch, das Ihnen in die Hände fällt, das Ihnen ein Freund empfiehlt, von dem Sie lesen oder hören,
- als Radiobericht/Fernsehsendung,
- als Mensch, den Sie irgendwo treffen/mit dem Sie ins Gespräch kommen,
- als Angebot/Artikel/Bericht in einer Zeitung oder Zeitschrift,
- als Anruf von Freunden/Verwandten/Bekannten,
- als Mitteilung/Information am Arbeitsplatz,
- als Idee/spontane Eingebung.

Manchmal kann sich ein „Hint“ auch zunächst als missliebige Begebenheit zeigen (Krankheit, Unfall, Ungeschicklichkeit etc.), infolge derer sich jedoch der hilfreiche Hinweis als solcher entpuppt, wenn ihm Beachtung geschenkt wird. Ärgern Sie sich also nicht über solche Vorfälle, sondern nehmen Sie sie zum Anlass, erst recht darauf zu schauen, was sie Ihnen wohl sagen oder bringen wollen.

Wenn Sie Ihre Achtsamkeit diesbezüglich schärfen, werden immer mehr „Hints" in Ihr Leben treten, sie werden feststellen, wie wertvoll und hilfreich sie für Sie und Ihr Weiterkommen sind, bis es irgendwann zur Selbstverständlichkeit für Sie geworden ist, auf solche „Hints" zu achten, diese anzunehmen und für sich zu nutzen. Freuen Sie sich über jeden „Hint", den Sie als solchen identifizieren, nehmen Sie es als Spiel, überall und immer auf das Auftauchen solcher „Hints" zu achten, Sie werden bald merken, wie viel Spaß Ihnen das bereiten kann. Das Eintreffen und Erhalten von „Hints" ist ein sicherer Hinweis dafür, dass Sie auf dem richtigen Weg sind, dass Ihr Wunsch „in Arbeit" ist und dass Sie seiner Verwirklichung näher kommen.

2. *Das richtige vorbereitet Sein*

Zum Erwarten des Eintreffens und sich Bewahrheiten Ihres Wunsches gehört auch die entsprechende Vorbereitung. Konkret heißt das, dass Sie darauf eingerichtet sein sollten, wenn sich Ihr Wunsch verwirklicht. Denn er kann sich jeden Moment verwirklichen, aber auch nur dann, wenn er „Platz bei Ihnen findet". Wenn Sie sich also einen Traumpartner wünschen und Sie selbst aber in einem kleinen Bett schlafen, das knapp für eine Person ausreicht, so kann Ihr Wunsch beziehungsweise dessen Manifestation „keinen Platz bei Ihnen finden", so sehr Sie sich dies auch wünschen mögen. Deshalb ist es für ein richtiges Funktionieren unverzichtbar, „Platz" für das zu Erwartende zu schaffen. Im genannten Fall kaufen Sie sich am besten ein entsprechend großes Bett. Diese Anschaffung unterstreicht und bestätigt Ihre Erwartung und schafft den notwendigen Platz für die gewünschte Manifestation. Außerdem werden Sie immer, wenn Sie das neue Bett sehen oder betrachten, an Ihre Erwartung erinnert.

Freuen Sie sich dann darauf, dass hier bald Ihr Traumpartner neben Ihnen liegt. Beides sind starke Signale, die eine rasche Manifestation des Gewünschten unterstützen. Wenn Sie sich Ihren Seelengefährten herbeisehnen, jedoch jede Nacht in Ihrem kleinen Bett, das nur für Sie allein ausreichend ist, weiterschlafen, unterstützen und zementieren Sie unbewusst den Zustand, wie er ist. Dies ist einer entsprechend erfolgreichen Manifestation hinderlich.

Deswegen überlegen Sie, wenn Sie beim Punkt „Erwartung" angelangt sind, ganz genau, auf welche Weise Sie für Ihre in Kürze eintreffende Manifestation „Platz schaffen" können und was dieser eventuell entgegenstehen würde. Während Sie auf Ihr Cabriolet warten, möchten Sie vielleicht Ihre Garage aufräumen und dort mehr Platz schaffen. Oder Sie schauen sich bereits nach einem geeigneten Stellplatz oder einer passenden Garage um. Sie können sich auch schon einige kleine Dinge, die in der Anschaffung nicht zu teuer sind, besorgen, z.B. eine spezielle Lederpolitur für Ihre Ledersessel oder ein Felgenspray für Ihre Leichtmetallfelgen. All dies signalisiert, dass Sie das Eintreffen Ihrer Manifestation erwarten, vorbereitet sind und den notwendigen Platz bereits geschaffen haben oder dabei sind, diesen zu schaffen.

Wenn es sich um die Villa am Meer handelt, so bietet sich an, die notwendigen Vorbereitungen für einen anstehenden Umzug in Angriff zu nehmen, den Keller oder Dachboden auszumisten und schon einmal vorsorglich all das wegzuwerfen und auszusondern, das man ohnehin nicht mehr benötigt und im Falle des Umzugs nicht mitnehmen möchte. Wenn Sie Geld erwarten, kaufen Sie sich doch eine schöne große Geldbörse, legen Sie schon einmal die Formulare für die Kreditkarten bereit, die Sie beantragen möchten oder richten Sie ein eigenes Konto für den zu erwartenden Betrag ein. Füllen Sie schon einmal die Schecks aus für die Anschaffungen, die

Sie sofort tätigen möchten, legen Sie den Reisekatalog griffbereit, damit Sie buchen können, sobald das Geld eingetroffen ist. Stimmen Sie sich in jeder Beziehung auf die Erfüllung Ihres Wunsches ein und sagen Sie sich jeden Tag, dass dies wiederum ein Tag ist, der Sie der Erfüllung Ihres Wunsches einen großen Schritt näher bringt. Ich kenne einen Fall, in dem jemand, der sich einen größeren Geldbetrag gewünscht hat, sich nicht nur eine schöne neue Geldbörse gekauft hat, sondern diese auch sofort mit einem Betrag von fünfhundert Euro in Hundertern bestückt hat, um zu signalisieren, dass er wohlhabend ist und in der Gewissheit, dass Geld immer zu Geld kommt.

Diese fünf Hundert-Euro-Scheine hat er nicht angerührt und auch nicht ausgegeben (obwohl es ihm zu diesem Zeitpunkt sicherlich schwergefallen ist). Er hat sich jeden Tag gesagt, dass er es sich leisten kann, fünfhundert Euro in bar in seiner Brieftasche mit sich herumzutragen, und wer das kann, der ist ein reicher Mann.

Ich habe in den letzten Jahren im Umgang mit dem göttlichen Resonanzgesetz oft die Erfahrung gemacht, dass man sich erst von bereits längst Vergangenem lösen muss, damit das Neue Platz findet und zu einem gelangt. Das kann einen Arbeitsplatz betreffen, der einem verhasst ist und einen immer wieder dergestalt mit negativen Energien belädt, dass ein Anziehen des neuen Arbeitsverhältnisses beinahe unmöglich gemacht wird. In einem solchen Fall hilft tatsächlich nur die konsequente Auflösung dessen, was einen belastet. In diesem Falle die Kündigung des verhassten Jobs und damit die konsequente Loslösung.

Durch ein solches ultimatives Signal wird oftmals schlagartig die Energie frei und auch sofort der notwendige Platz geschaffen, den das Neue benötigt, um zu einem zu kommen. Manche werden ein solches Verhalten als unbilliges Risiko erachten, aber es entspricht meiner Erfahrung und eben auch den Gesetzmäßigkeiten des göttlichen Resonanzgesetzes, dass man sich vom Alten lösen muss, um Platz für das Neue zu schaffen. Dasselbe betrifft in hohem Maße Partnerschaften, die sich erschöpft haben oder einem im Extremfall sogar verhasst geworden sind. Ich kenne unzählige Fälle, in denen sich der Wunschpartner erst dann eingestellt hat, nachdem man sich von seinem „alten“ tatsächlich getrennt hat und damit einen Schlussstrich unter eine Beziehung gezogen hat, die nicht mehr befriedigend war. Wie viele Menschen kennen Sie, die zusammenbleiben, obwohl sie sich nichts mehr zu sagen und zu geben haben? Die vielleicht insgeheim von einem anderen, erfüllteren Leben mit einer anderen passenderen, idealen Person träumen, aber nichts unternehmen, den alten, bequemen, eingesessenen Zustand zu ändern. Diese Menschen werden ihr Leben bis zum Ende ihrer Tage mit ihrem Partner verbringen, obwohl Beziehung und Zuneigung schon längst erloschen sind. Sie mögen sich tausendmal insgeheim alles anders wünschen, aber es wird so lange alles beim Alten bleiben, bis sie selbst die Initiative ergriffen und die notwendige Trennung vollzogen haben.

Erst mit diesem Schritt wird der Raum für den neuen, den Traumpartner geschaffen, und ich habe oft erlebt, wie schnell sich dieser dann eingefunden hat, sobald die alte, verbrauchte Beziehung aufgelöst wurde. Dies betrifft auch den rein formellen Akt der Scheidung. Ich kenne Fälle, in denen die Betroffenen schon einige Jahre getrennt gelebt haben, aber aus Gründen der Bequemlichkeit (oder vielleicht auch der Steuer) den formellen Akt der Scheidung nicht vollzogen. Und bei bester Anwendung der Gesetzmäßigkeiten des göttlichen Resonanzgesetzes wollte sich der ersehnte neue Traumpartner einfach nicht einstellen. Warum? Ganz einfach: Die durch das Verheiratetsein immer noch vorhandene Bindungsenergie stand dem Eintreffen des Wunschpartners im Weg. Ich konnte miterleben, wie erst nach vollzogener - *harmonischer* - Scheidung beide Partner in kurzer Zeit ihren Traumpartner kennen- und liebengelernt haben

## Zusammenfassung

Ja, jetzt sind Sie tatsächlich soweit. Jetzt haben Sie es tatsächlich geschafft und alle sieben Stufen zur Inkraftsetzung und Nutzung des göttlichen Resonanzgesetzes durchlaufen und die notwendigen Schritte mit Freude und Emotion ausgeführt.
Sie haben:

1. Ihren Wunsch klar und deutlich definiert/formuliert
2. Ihren Wunsch mit der notwendigen Energie/Kraft/Emotion angefüllt,
3. Ihren Wunsch und dessen Manifestation zugelassen,
4. die Manifestation Ihres Wunsches willkommen geheißen,
5. die Verwirklichung Ihres Wunsches als unverrückbare Tatsache begriffen,
6. Dankbarkeit für dieses Geschenk empfunden und
7. erwarten nunmehr mit Freude, Gewissheit und Gespanntheit die Erfüllung Ihres Wunsches, auf dessen Manifestation Sie vorbereitet sind und zu dessen Umsetzung Sie allen wertvollen „Hints" folgen.

Sie haben erfolgreich gesät, jetzt werden Sie ernten, daran besteht nicht der allergeringste Zweifel. Bleiben Sie so lange beharrlich bei Stufe sieben, bis sich der Erfolg eingestellt hat, weichen Sie nicht von Ihrem Weg ab. Gegebenenfalls lesen

Sie die beachtenswerten Punkte zum siebenten Schritt (und vielleicht auch zu allen anderen) nochmals nach und überprüfen Sie sich und Ihre Haltung. Die zwei größten Fehler, die man in dieser letzten, entscheidenden Phase machen kann, sind, den Blickwinkel vom erfüllten Zustand auf den gegenwärtig unerfüllten zurückzuwenden und damit den Mangel zu bekräftigen oder die freudige, in der Gewissheit des baldigen Eintreffens aufgebaute Erwartungshaltung aufzugeben und sich in das tägliche Mängeldasein zu fügen.

Wenn Zweifel auftauchen - und sie werden auftauchen, vor allem in der Anfangsphase - lenken Sie sich einfach sanft ab, schieben Sie die Zweifel sanft aber bestimmt beiseite und wenden Sie Ihren Fokus etwas Schönem, Erbauenden zu. Wenn Sie Ihr Stimmungstief dann überwunden haben, können Sie wieder zu der Erwartungshaltung gemäß Schritt sieben übergehen.

## 8. Der Gradmesser Ihre Gefühle

Ein ebenso wunderbarer wie verlässlicher Gradmesser dafür, ob Sie gerade auf dem richtigen oder falschen Weg sind, sind Ihre Gefühle. Fühlen Sie negativ, empfinden Sie schlechte Gedanken, können Sie mit Sicherheit davon ausgehen, dass Sie vom richtigen Weg, also der richtigen Haltung abgekommen sind oder Ihren positiven Fokus verloren haben. Nehmen Sie dies als Signal für sich selber und seien Sie dankbar für diesen wertvollen Hinweis und ärgern Sie sich nicht. Ihre negativen Gefühle sind wie ein untrügliches rotes Warnsignal, das ihnen sagen will: *„Halt! Vorsicht! Stehenbleiben! Nicht weiter so! Das ist der falsche Weg!“*

Gewöhnen Sie sich also an, auf dieses Warnsignal zu achten, sich die Situation zu vergegenwärtigen und die notwendigen Maßnahmen auf sanfte aber bestimmte Art, wie beschrieben, einzuleiten und vorzunehmen. Niemand ist perfekt, und niemand lebt hermetisch von seiner Außenwelt isoliert. Je mehr Übung Sie darin bekommen, desto einfacher wird es, bis es schließlich in einen Automatismus mündet, der Sie Ihre bewährten Maßnahmen bereits beim ersten Herannahen eines negativen Gefühls ergreifen lässt. Versuchen Sie niemals, ein negatives Gefühl zu unterdrücken, das funktioniert nicht und hilft nicht. Nehmen Sie es zur Kenntnis und lassen Sie es durch die Einleitung der geeigneten positiven Maßnahmen leer laufen. So wird es sehr schnell seine Energie verlieren und im Raum verpuffen. Und während Sie auf dem Sofa sitzen und Ihre Lieblingsmusik hören, können Sie schmunzelnd beobachten, wie die negativen Gedanken wie Luftballons ohne Luft verpuffen: Puff! Puff! Puff! Wo kein Widerstand ist, baut sich auch kein Druck auf. Betrachten Sie auch das als Spiel, bei dem der Sieger von vornherein feststeht: Sie!

## 9. Die Übung macht den Meister

Auch im Umgang mit den Gesetzmäßigkeiten des göttlichen Resonanzgesetzes gilt: Die Übung macht den Meister. Was Ihnen anfangs ungewohnt und vielleicht völlig neu vorkommt, wird Ihnen bald und nach einiger Übung als vertraut erscheinen und leicht von der Hand gehen. Am Anfang mögen Sie sich ungelenk anstellen, mögen Ihnen Ihre ersten Versuche holprig und unvollkommen erscheinen. Keine Angst, das ist ganz normal und Bestandteil eines jeden Lernprozesses!

Auch der Umgang mit den Gesetzmäßigkeiten des göttlichen Resonanzgesetzes will gelernt und geübt sein. Betrachten Sie es als die größte, interessanteste und lohneswerteste Herausforderung Ihres ganzen Lebens. Lassen Sie sich Zeit, geben Sie nicht auf und lassen Sie sich von niemandem von Ihrem Weg abbringen. Jeder hat sein eigenes Leben zu leben und nicht das Recht, sich in das der anderen einzumischen.

Denken Sie immer daran: Wenn Sie Ihr eigenes Leben erfolgreich meistern, werden Sie ohnehin und sehr schnell zum Vorbild. Ein gesunder Egoismus ist hier absolut angeraten. Nur wer hat, der kann auch geben, und Sie werden sich noch wundern, wie viel Sie zu geben haben. Mit der Zeit und den ersten Erfolgen werden Sie in der praktischen Anwendung des göttlichen Resonanzgesetzes immer erfahrener, Sie werden einzelne der sieben Schritte irgendwann automatisch vollziehen und beherzigen, ebenso wie sich Ihr Fokus mit der Zeit automatisch auf das Positive richtet und sich vom Negativen abwendet. Neben ganz speziellen von Ihnen geschaffenen Wünschen wird es auch viele allgemeine geben, die Sie manifestiert haben möchten. Sie sind ideal geeignet, jeden Tag wiederholt beziehungsweise immer wieder über den Tag verteilt vergegenwärtigt zu werden. Diese allgemein gültigen Glaubenssätze sollten fest in Ihrem Denken verankert sein und zu einem Teil Ihres Denkens werden und immer wieder automatisch ablaufen. Sie müssen nicht einzeln kreiert werden (die Liste ist selbstverständlich unvollständig und will von Ihnen nach Ihrem eigenem Gutdünken ergänzt werden):

- Ich bin fit und vollkommen gesund.
- Ich bin kraftvoll und voller Energie.
- Ich treffe ausschließlich interessante und positive Menschen.
- Mein ganzer Tag verläuft wunderbar.

- Ich genieße jede Minute.
- Dies ist ein wunderbares Leben.
- Ich erlebe die wunderbarsten Dinge.
- Ich ziehe Menschen an, die mich weiterbringen.
- Ich habe eine positive Ausstrahlung.
- Ich bin glücklich und voller Freude.
- Ich schenke Freude und Glück.
- Ich lebe in Wohlstand und Fülle.
- Ich erhalte Unterstützung, wo immer ich bin.
- Ich mache nur noch das, was mir Freude und Spaß bereitet.
- Ich bin voller Liebe und Dankbarkeit.

Ich selbst habe auch einige für mich äußerst praktische „Dinge" verankert, die immer und immer wieder automatisch funktionieren und selbst mich immer wieder Staunen lassen über die absolute Verlässlichkeit des göttlichen Resonanzgesetzes:

- *„Ich finde immer eine Parklücke"* (anfangs dachte ich noch in der betreffenden Situation kurz an diesen Satz, inzwischen nicht mehr und es geschieht automatisch)
- *„Ich wache zur gewünschten Zeit auf"* (sage ich mir abends einmal vor, wenn ich morgens zu einer bestimmten Zeit aufwachen will).
- *„Im Restaurant erhalte ich sofort einen guten Tisch"* (inzwischen nehme ich keine Reservierungen mehr vor, ich gehe einfach hin, in der Gewissheit, einen guten Tisch zu bekommen. Ich verfüge anscheinend über die Ausstrahlung, die es möglich macht, denn es klappt immer. Das Einzige, was ab und zu an „Unbequemlichkeit" zu erdulden ist, ist eine kurze Wartezeit an der Bar und dort einen Drink zu nehmen, bis der nächste Tisch frei ist.

- *„Beim Einchecken erhalte ich immer einen Emergency-Exit Sitz"* (da ich sehr groß bin, ist das eine wahre Erleichterung. Früher bat ich beim Einchecken darum, mit wechselhaftem Erfolg, jetzt funktioniert das ganz automatisch).
- *„Ich lerne unterwegs sympathische und interessante Menschen kennen"* (da ich viel reise, meist mit dem Flugzeug, und mich auch viel in ausländischen Städten aufhalte, ist dies eine wahrhaft segensreiche Affirmation. Sie beschert mir laufend die herrlichsten und angenehmsten Bekanntschaften, ganz im Gegenteil zu früher).
- *„Ich erhalte ein wunderschönes funktionales Zimmer mit großartigem Bett"* (ist für mich aus o.a. Gründen ebenso wichtig, da ich sehr groß bin, ist das Bett ausschlaggebend. Ist immer wieder ein wunderbares Erlebnis).
- Alternativ zu Vorgenanntem: *„Ich erhalte ein besseres Zimmer als bestellt"* (Upgrade). Hier erlebe ich immer wieder die lustigsten Vorkommnisse. Einige Beispiele: Ich reise spät an, lächle die Frau an der Rezeption an und unterhalte mich freundlich mit ihr. Sie sagt mir freudig, dass ich heute ihr letzter Gast sei und sie mir deshalb das beste noch freie Zimmer geben würde. Oder: Ich erhalte den Zimmerschlüssel, das Zimmer ist jedoch nicht gemacht. Ich gehe wieder zur Rezeption zurück, mache einen passenden Scherz (*„da liegt noch einer im Bett"* o.Ä.) und erhalte als Entschuldigung ein besseres Zimmer. Oder das Zimmer ist noch nicht gemacht, wenn ich anreise und ich bekomme ein besseres, das bereits fertig ist. Oder in der gebuchten Kategorie ist keines mehr frei und ich erhalte die Kategorie darüber etc.

Es funktioniert immer, und ich freue mich wie ein kleines Kind jedes Mal darüber, wenn es wieder einmal geklappt hat. Und schon vorher bin ich gespannt und neugierig darauf, auf welche Art und Weise es wohl diesmal wieder funktioniert. Es ist wie ein wunderbares Spiel, an dem man tatsächlich „kindliche“ Freude empfinden kann. Ich weiß, dass es funktioniert, bringe das Vertrauen auf und habe die entsprechende freudige Erwartungshaltung. Durch die Bestätigung des Eintreffens der Erfüllung wird mein Vertrauen weiter bestärkt und unterstützt, so lange, bis sich eine Art „automatischer Gewissheit“ einstellt, Sie können es auch „Gottvertrauen“ nennen.

Dieser Prozess läuft bei mir inzwischen automatisch ab, und Sie werden an sich selbst feststellen, dass es Ihnen ganz genauso gehen wird. Mit jeder Erfüllung, mit jedem Funktionieren, mit jedem einzelnen kleinen oder großen Erfolgserlebnis wird Ihr Vertrauen in das Funktionieren der Mechanismen des göttlichen Resonanzgesetzes größer und damit auch in Ihre Fähigkeiten, sich diese zunutze zu machen. Die Erfüllungsprozesse gehen damit schneller vor sich, werden häufiger und genauer und laufen zum Teil wie geschildert bereits automatisch ab. Je mehr Spaß und Freude Sie dabei empfinden, desto mehr positive Energie geben Sie an diese Prozesse ab, das beschleunigt und unterstützt zusätzlich. Herzlichen Glückwunsch, Sie sind bereits mittendrin in Ihrer persönlichen Aufwärtsspirale!

## 10. Die Angst, Schöpfer zu sein

Jetzt haben Sie das göttliche Resonanzgesetz kennen- und seine Mechanismen beherrschen gelernt und sind in der Lage, Ihren eigenen kreativen Schaffensprozess zu vollführen. Dies ist eine große Herausforderung und eine ebenso große Verantwortung. Sie wissen, dass Sie ab jetzt keine Ausreden mehr haben. Sie wissen, das beliebte und so bequeme Täter-/Opfer-

Spiel hat ab sofort ausgedient und funktioniert nicht mehr. Sie nehmen sich und Ihre Lebensumstände vollumfänglich an und bekennen sich zu ihnen. Sie haben denen vergeben, die Sie verletzten und baten diejenigen um Entschuldigung, die von Ihnen verletzt wurden. Das Großreinemachen liegt hinter Ihnen, das Gewitter hat alle Wolken auf dem klaren strahlenden Himmel vertrieben, der wie eine unbefleckte Leinwand vor Ihnen liegt. Jetzt liegt es einzig und allein an Ihnen. Legen Sie los. Toben Sie sich aus nach Herzenslust. Zögern Sie keine Sekunde mehr, Sie haben ohnehin schon genügend Zeit verloren. Das größte, das faszinierendste, das wichtigste Spiel Ihres Lebens liegt vor Ihnen, sie müssen es nur spielen. Jeder ist seines Glückes Schmied, sagt ein Sprichwort, und genau das ist es, das Resonanzgesetz. Jeder, aber auch wirklich jeder, ohne Ausnahme, hat es selber in der Hand, sein Glück zu schmieden. Die Werkzeuge sind bereitgestellt, die Bedienungsanleitung liegt vor, es kann losgehen.

Wenn Sie die sieben Schritte zu den Mechanismen des göttlichen Resonanzgesetzes verinnerlichen und wie dargestellt ausführen, sind Sie in der Lage, sich Ihren eigenen Paradiesgarten zu schaffen. Genauso, wie Sie ihn sich immer vorgestellt und erträumt haben. Nichts und niemand kann Sie davon abhalten außer Sie selber beziehungsweise Ihre Angst davor, tatsächlich zum Schöpfer zu werden oder wieder Schöpfer zu sein: die Angst vor dieser Macht, die Angst vor diesem Unbekannten, verbunden mit der Last der damit einhergehenden hundertprozentigen Verantwortung.

Die Angst, Schöpfer zu sein, das ist unsere Ur-Angst, genährt und verstärkt durch Dogmen und Religion (Allmachtswahn, Hybris, Blasphemie), die einen dann vielleicht doch zurückschrecken lassen und zurückwerfen in das Vertraute, Gewohnte, Bekannte und mag es noch so elend und beklagenswert sein. Und dann der Schock, dass plötzlich alles möglich sein soll, nachdem man sich mehr oder weniger gut arrangiert hatte mit seiner Unbewusstheit und seiner Beschränktheit. *„Das, was ich kann, könnt ihr auch - und noch viel mehr"*, hat Jesus dazu gesagt, aber trauen wir uns das auch?

Doch auch der Weg zurück ist schwierig, wenn nicht unmöglich: Denn je tiefer man in der Polarität, im *Tun*, in der Illusion der Trennung verstrickt ist, desto weniger Bewusstsein steht einem zur Verfügung. Je mehr man das ganze Spielchen der Polaritäten, Persönlichkeiten, Illusionen jedoch durchschaut, desto bewusster wird man auch, und Bewusstsein wieder zu verlieren ist nur vorübergehend und phasenweise möglich, aber nicht grundsätzlich und andaurend. Und deshalb sind Sie letzendlich zu diesem Buch gelangt.

Ihr Weg ist nicht mehr umkehrbar, Ihre Reise ist nicht mehr aufzuhalten. Sie sind schon sehr weit gekommen. Deshalb haben Sie keine Angst, haben Sie Vertrauen. Handeln Sie in Liebe und mit aller Kraft. Bisher haben Sie lediglich Erfahrungen gesammelt und verarbeitet. Dieses Stadium liegt jetzt hinter Ihnen, und die letzte, die allerletzte Stufe will erklommen sein, der letzte ausschlaggebende Schritt getan: von der Erfahrung zum Sein.

An diesem Punkt entscheidet sich alles. Erinnern Sie sich an das Bild in der Bibel von dem Paradiesgarten, der von zwei Cherubim mit flammendem Schwert bewacht wird. Sie sehen ihn, Sie stehen davor, aber Sie haben Angst. Die flammenden Schwerter, die Ihnen den Einlass verwehren, das ist Ihre Angst, die Angst, Schöpfer zu sein.

Wenn Sie an diesem Punkt angekommen und sich über diesen Punkt klargeworden sind, dann ist nur noch ein einziger - großer- Schritt zu tun, nämlich auch noch diese Ur-Angst, diese Angst davor, verantwortlicher Schöpfer zu sein, anzunehmen. Ihr ins Gesicht zu sehen, sie liebevoll anzunehmen und sie loszulassen. Es nützt nichts, diese Angst verdrängen oder unterdrücken zu wollen, es wird Ihnen nicht gelingen. Weder wird es Ihnen gelingen, die zwei Cherubim mit ihren Flammenschwertern zu überwältigen, noch sich an ihnen vorbeizumogeln. Der einzige Weg ist, die Angst zu erkennen und anzunehmen. Gestehen Sie sich ein, dass Sie Angst haben, dass Sie diese Angst, eben diese Angst, Schöpfer zu sein, verspüren. Vergegenwärtigen Sie sich das und sehen Sie dieser Angst ins Gesicht. Sie sind nicht der erste und Sie werden nicht der letzte sein, der mit dieser Ur-Angst konfrontiert wird. Seien Sie froh, dass Sie überhaupt soweit gekommen sind. Sehen Sie dieser Angst ins Gesicht und dann nehmen Sie sie liebevoll an. Sie gehört zu Ihnen, sie ist nichts Außenstehendes, das Ihnen Furcht einflößen muss, sie ist wie ein verstecktes Programm, das Sie jetzt gerade entdeckt haben. Lassen Sie sie dann los und fliegen wie einen Vogel, dem Sie die Freiheit gegeben haben. Bis jetzt hielten Sie ihn im Käfig Ihres Körpers gefangen, doch jetzt entlassen Sie ihn in die Freiheit. Schauen Sie ihm nach, wie er am Horizont verschwindet und wünschen Sie ihm das Beste.

Bis jetzt war diese Angst zu Ihrem eigenen Schutz notwendig, nun wird sie nicht mehr gebraucht. Sie haben die Kraft, die Verantwortung für Ihr Leben nun selber zu tragen und den Mut, es nach Ihrem Gutdünken zu gestalten. Schöpfer zu werden bedeutet eben nicht, irgendetwas zu verbessern, zu verändern oder anders zu machen. Schöpfer werden heißt Verantwortung zu übernehmen. Sich selbst als Schöpfer zu erkennen und anzuerkennen. Entweder ich bin Schöpfer oder ich bin Opfer, es gibt nichts dazwischen. Aber es ist in jedem Fall Ihre Schöpfung! Und verantwortlich sind Sie auch dafür, so oder so. Wissentlich oder Unwissentlich. Bewusst oder unbewusst. Jetzt, wo Sie es wissen, können Sie sich auch nicht mehr davor drücken. Also können Sie ohnehin nur gewinnen. Sie müssen die Verantwortung lediglich noch anerkennen.

Gehen Sie also in Liebe auf die zwei Cherubim zu, umarmen Sie sie und lassen sie sie frei, Sie werden sich in Liebe auflösen und der Weg zum Paradies ist frei. Und jetzt ist es an Ihnen, den letzten und entscheidenden Schritt zu tun: *Gehen Sie hinein!*

## 11. Eine Lösung finden
## Das „Heureka-Prinzip"

Es müssen nicht immer Wünsche sein, die man umgesetzt haben möchte, oft grübelt man über ein Problem, dessen Lösung man sich sehnlichst wünschen würde. Das kann die Stufe eines bestimmten Projekts sein, auf der man nicht weiterkommt, das kann eine Entscheidung sein, die man fällen muss, das können die verschiedensten Überlegungen sein, zu denen man sich eine Richtung oder Tendenz wünschen würde. In solch einem Fall bietet sich an, das Problem dem göttlichen Resonanzgesetz zu überantworten und um eine Lösung dafür zu bitten. *„Wer klopfet, dem wird aufgetan, und wer bittet, dem wird geholfen werden."*

Wohlgemerkt: Hier handelt es sich um Fälle, bei denen Ihnen die Lösung nicht bekannt ist. Wenn Ihnen die Lösung dann bekanntgemacht ist, können Sie das Resultat in gewohnter Weise manifestieren und zu sich ziehen.

Die Lösung für ein Problem erbitten Sie folgendermaßen:

- Definieren Sie Ihr Problem.
- Geben Sie es geistig in ein Päckchen und legen Sie einen Zettel dazu, auf dem steht: *„Ich bitte um die Übersendung einer Lösung."*

- Verpacken Sie das Päckchen in Geschenkpapier.
- Überantworten Sie es geistig dem Universum, verbunden mit Ihrer gleichzeitigen innigen Bitte, Ihnen die Lösung zukommen zu lassen. Lösen Sie sich damit von Ihrem Problem.
- Bedanken Sie sich, in der Gewissheit, dass die Lösung des Problems bereits in Arbeit ist.

Hier ist es wichtig, sich zunächst tatsächlich von dem Problem zu lösen, d.h. sich davon auch geistig frei zu machen. Wenn Sie gedanklich weiterhin um das Problem kreisen, ist kein Platz für die Lösung vorhanden. Versuchen Sie Ihren Kopf frei zu bekommen, in der Gewissheit, dass Ihnen die Lösung in Kürze zufällt. Schieben Sie das Problem geistig in eine „Bearbeitungskammer", überlassen Sie es jetzt Ihrem Unterbewusstsein. Bleiben Sie jedoch offen und wachsam dafür, die Lösung jederzeit zu empfangen. Es kann jederzeit und überall, zu den unmöglichsten Zeiten und an den unmöglichsten Orten geschehen.

Archimedes empfing die Lösung für sein Problem in der Badewanne, der von ihm dabei getätigte Ausruf „*Heureka*" („*Ich hab's*") beruht auf ebendiesem Vorkommnis. Meistens kommt die benötigte Information in Form eines „Geistesblitzes" zu einem, es kann aber auch eine Information über die gängigen Medien sein oder ein plötzliches, absolut sicheres Gefühl dafür, was die richtige Entscheidung ist. Hierbei handelt es sich nicht um „Hints", die Sie weiterbringen, sondern tatsächlich um diejenige einzelne Information, die Sie zur Lösung des Problems, das Sie beschäftigt, benötigen. Mit der Zeit werden Sie auch hierfür ein Gespür entwickeln und das Prinzip der Übermittlung von Lösungen ebenfalls sehr zu schätzen wissen. Auch hier greifen die Mechanismen des göttlichen Resonanzgesetzes: Sie senden etwas aus (Ihr Problem) und empfangen etwas dafür (die Lösung). Wichtig ist nur, sich mit dem Absenden des Problems davon freigemacht zu haben, sonst wird der gegenteilige Effekt erzielt, denn Sie wissen ja inzwischen, dass der Effekt verstärkt wird, wenn man sich auf ein Problem konzentriert.

## 12. Das Hervorrufen negativer Szenarien

Sie haben erfahren und gelernt, dass das göttliche Resonanzgesetz absolut wertneutral funktioniert, d.h. der Mechanismus tritt unter bestimmten Voraussetzungen wie dargestellt in Kraft, egal, ob das nun positive oder negative Konsequenzen für Sie hat. Selbstverständlich würde niemand bewusst ein negatives Szenarium oder Ereignis für sich kreieren und in sein Leben rufen, aber genau das ist es, was jeden Tag überall um uns herum geschieht, was wir manchmal nicht erklären können und woran wir oft verzweifeln. Deshalb soll an dieser Stelle auch einmal kurz auf diesen Aspekt eingegangen werden, um deutlich zu machen, wie man die Schaffung solch negativer Szenarien von vornherein vermeidet. Der Grundsatz ist der gleiche, sehr einfach zu verstehende: Was ich aussende, erhalte ich zurück.

Das bedeutet vereinfacht dargestellt:

- Wenn ich mit einer negativen Grundeinstellung durchs Leben gehe, ziehe ich auch nur Menschen und Geschehnisse an, die diese Haltung bekräftigen und untermauern.
- Wenn ich negative Emotionen verdränge oder unter-

drücke, gebe ich Ihnen Energie und verstärke ihre Wirkung.

- Wenn ich mein Bewusstsein auf negative Geschehnisse richte, verstärke ich solche und ziehe sie an.
- Wenn ich meinen Fokus auf eine aktuell problembeladene Lebenssituation richte, verstärke ich diese.
- Jedes Problem (statt seiner Lösung), dem ich meine Aufmerksamkeit gebe, wird sich verstärken.
- Wenn ich durch Tun versuche, eine Situation zu ver ändern, wird das Resultat immer unbefriedigend sein.
- Wenn ich eine Situation ablehne, wird sie umso stärker auf mich zurückkommen.
- Wenn ich urteile, bewerte oder prüfe und mich im Spannungsfeld der Polaritäten bewege, wird ausschließlich mein Ego gestärkt und ich befinde mich außerhalb meiner Mitte.
- Wenn ich zwanghaften Beschäftigungen nachgehe, erschöpfe ich die Kraft und Energie meines Körpers.
- Wenn ich mein Bewusstsein nicht wachsam handhabe, erschaffe ich mir möglicherweise unliebsame Ereignisse.

*Negative Ereignisse werden sich immer manifestieren wenn ich...*

- ...mein Bewusstsein auf die negative Situation ausgerichtet habe („*Mein Gott, du wirst immer fetter!*“),
- der negativen Situation mit meinen Emotionen Kraft und Energie verleihe („*Ich kann diese vielenRechnungen nicht mehr sehen!*“ „*Ich hasse dieses Haus!*“),
- die Situation permanent vor Augen habe oder mir vor Augen führe („*Schon wieder eine Rechnung!*“),
- eine Verschlimmerung befürchte („*Hoffentlich erhalte ich nicht auch noch die Kündigung.*“) beziehungsweise

das Eintreffen des negativen Geschehnisses für möglich halte („*Hoffentlich werden wir nicht auch ausgeraubt.*“).

Bitte halten Sie sich vor Augen, dass Sie eine negative Situation niemals ändern können. Etwas ändern wollen heißt, sein Bewusstsein auf das gerichtet haben, das verändert werden soll. Das bewirkt das exakte Gegenteil von dem, was Sie sich wünschen. Es gibt nichts zu ändern. Alles ist gut und richtig so, wie es ist.

Das müssen Sie verstehen und akzeptieren. Sie können Neues schaffen. Sie können Umstände und Gegebenheiten schaffen, die Ihnen gefallen und wie sie Ihnen gefallen. Neue Situationen, Ereignisse, Dinge, Personen werden in Ihr Leben treten, so wie Sie es sich wünschen und das Alte wird verschwinden, sich auflösen. Aber es kann niemals zum Positiven hin verändert werden. Eine negative Situation als solche kann also auf direkte Art gar nicht vermieden werden, denn in demselben Moment, in dem ich sie vor Augen habe, mich mit ihr beschäftige, mich auf sie konzentriere und ihr mein Bewusstsein zuwende, hat sie auch schon meine Energie.

Das Einzige, was Sie machen können, ist in diesem Fall, Ihre Energie wieder abzuziehen und keinerlei negative Erwartungshaltung aufzubauen. Den Einfluss des Negativen (der ja überall um uns herum vorhanden ist) kann man nur indirekt vermeiden, indem man das Positive stärkt und dem Negativen keinerlei Beachtung (sprich Energie) gibt. Ich kenne alte Menschen, die in der Zeitung jeden Tag mit größter „Wonne“ die Todesanzeigen lesen und sich dabei vor allem auf das Geburtsdatum des Verschiedenen konzentrieren. Wenn eine entsprechende Häufung von Geburtsdaten erreicht ist, die mit dem des Lesenden übereinstimmen, wird es nicht mehr lange dauern, bis er selber den Weg auf die letzte Seite der Zeitung gefunden hat, mir sind eine ganze Reihe solcher Fälle bekannt und der Mechanismus vollzieht sich immer auf dieselbe Art und Weise:

- Ich konzentriere mich auf das negative Ereignis („*Todesanzeige*“).
- Ich bestärke es mit meiner Energie/Emotion *(„Mein Gott, schon wieder einer in meinem Alter, wie schrecklich!“*).
- Ich baue eine starke Erwartungshaltung auf („*Bald bin ich auch dran.“).*

Das sind genau diejenigen Menschen, die im Urlaub ausgeraubt, überfallen oder bestohlen werden, deren Gepäck immer verloren geht und die im Restaurant den Platz neben dem Klo zugewiesen bekommen. Weil sie es genauso wollen. Unbewusst. Weil sie es anziehen durch ihr Verhalten, weil sie es erschaffen durch ihr Denken. Weil sie genau die Situationen kreieren, vor denen sie am meisten Angst haben, die sie jedoch gleichzeitig auch für möglich halten. Wer in der Krankheit schwelgt, wird krank werden. Und Opfer einer Katastrophe wird vornehmlich derjenige, der sich mit ihr beschäftigt, ihr seine Emotion gibt und sie für sich für möglich hält und damit unterschwellig erwartet.

Da helfen auch die vielgerühmten Sicherheitsvorkehrungen nichts. Sicherheitsvorkehrungen nützen nur dann etwas, wenn ich wirklich und ehrlich überzeugt bin, dass mir dadurch nichts mehr geschehen kann. Also wenn es mir gelingt, ein positives Gefühl der Sicherheit aufzubauen. Wenn ich Angst vor einem Einbruch habe, mich mit einem solchen beschäftige, ihm meine Energie und Emotion gebe und ihn für mich für möglich halte, ihn womöglich sogar erwarte, wird der Einbruch trotz bester Schlösser nicht lange auf sich warten lassen. Wenn mir die neuen Schlösser jedoch das absolute Gefühl und die Gewissheit der *Sicherheit* (also das positive

Gegenstück) verleihen, dann haben sie tatsächlich ihren Zweck erreicht und werden mich vor einem Einbruch bewahren.

Kern und Ausgangspunkt des Ganzen ist also - und das sollte Ihnen wirklich ein wunderbares Gefühl von Sicherheit geben - dass Ihnen immer nur das geschieht und widerfährt, was Sie bewusst oder auch unbewusst in Ihr Leben gelassen haben. Menschen, Geschehnisse, Ereignisse, im für Sie Positiven wie Negativen. Es gibt niemand, der Ihnen Böses will, es gibt kein ungnädiges Schicksal, es gibt keine schrecklichen Zufälle. Sie haben die Menschen zu sich eingeladen, die Ihnen nicht passen, Sie haben die Geschehnisse kreiert, die Ihnen missfallen, Sie haben sich all das selber ins Haus geholt, was Sie so gerne wieder loshaben wollen. Wenn Sie die Mechanismen des göttlichen Resonanzgesetzes verstanden haben und diese wie beschrieben anwenden, werden Sie vor solch missliebigen Überraschungen ab sofort verschont bleiben, seien Sie sicher. Sie werden exakt dem begegnen, das Sie geschaffen haben, also seien Sie sich dessen immer bewusst und geben Sie sich Mühe!

## 13. Herzenswunsch Abnehmen

Da auch nach meiner eigenen Erfahrung so viele Menschen den Wunsch haben, abzunehmen oder sogar Ihre Idealfigur zurückzuerobern, soll im nachfolgenden Passus speziell auf diese Thematik eingegangen werden, auch weil sie hinsichtlich des göttlichen Resonanzgesetzes eine komplexe Struktur darstellt. Denn eine erfolgreiche Gewichtsreduzierung hängt vor allem von **drei** Komponenten ab:

- **Bewegung**: Ohne regelmäßige Bewegung kein gesunder Stoffwechsel, ohne gesunden Stoffwechsel keine Gewichtsreduzierung.
- **Ernährung**: Ohne gesunde Ernährung keine Kraft und Energie für den „Verbrennungsmotor“ Körper.
- **Psyche/Unterbewusstsein:** Sie müssen Ihre Traum figur zulassen. Bei vielen Menschen dient das Gewicht entweder als Bestrafung (*„Ich bin es nicht wert“*) oder als Schutzmechanismus (*„So lange ich dick bin, rührt mich niemand an, also kann ich auch nicht verletzt werden.“).*

Im Folgenden soll auf diese drei ausschlaggebenden Punkte im Zusammenhang mit dem göttlichen Resonanzgesetz und den maßgeblichen sieben Schritten eingegangen werden:

1. **Ich will es:**

Definieren Sie Ihr Ziel klar und deutlich. Legen Sie sich auf Ihr Idealgewicht fest. Sagen Sie sich: „Ich habe jetzt mein Idealgewicht von .... Kilogramm.“

2. **Ich fühle und spüre es:**

Sehen Sie sich vor sich mit Ihrem Idealgewicht. Wenn Sie Bilder besitzen von Ihrer Figur, wie Sie sich sie wieder wünschen, holen Sie sie hervor, pinnen Sie sie an die Wand und schauen Sie sie an. Wenn nicht, stellen Sie sich vor, wie Sie mit Ihrem Idealgewicht aussehen. Sehen Sie sich die passenden neuen Kleidungsstücke einkaufen und anprobieren und die alten in den Keller hängen. Betrachten Sie sich im neuen Outfit im Spiegel, drehen und wenden Sie sich. Hören Sie die Verkäuferin sagen, wie gut Ihnen die Kleider stehen und passen. Fühlen Sie Ihre Freude und Ihren Stolz. Fühlen Sie, mit welcher Leichtigkeit und Anmut Sie sich bewegen. Sehen und hören Sie Ihre Freunde und Bekannten, wie Sie Ihnen gratulieren, wie man Ihnen applaudiert, wie man Ihnen anerkennend auf die Schulter klopft. Sehen Sie sich auf die Waage steigen, die präzise Ihr Idealgewicht anzeigt. Sehen Sie sich durch einen Park o.Ä. laufen, ohne Mühe und vollkommen anstrengungslos. Sie können das. Jetzt haben Sie die Figur, wie sie Ihnen schon immer zugestanden hat. Jetzt haben Sie das Gewicht, mit dem sich Ihr Körper so richtig wohlfühlt. Spüren Sie dem nach. Spüren Sie, wie Ihr Körper sich fühlt mit Ihrem Idealgewicht. Fragen Sie ihn, gratulieren Sie auch Ihrem Körper dazu, Sie haben es beide geschafft, Sie beide zusammen. Sehen Sie sich leicht und federnd in Ihr Auto einsteigen, aus dem Bett hüpfen, mit Kindern herumtollen, Beachvolleyball spielen, was immer Ihnen einfällt und woran Sie schon immer Freude gehabt hätten. Das alles können Sie jetzt tun und noch viel mehr, wie fühlt sich das an? Spüren Sie genau, wie sich das anfühlt. Wie federleicht Sie sich jetzt fühlen, welche Kraft und Energie in Ihnen steckt. Sehen Sie sich Schwimmen, Fahrrad fahren, in Bikini oder Badehose am Strand laufen. Sie sind fit, Sie sind in Form. Sie fallen nicht mehr auf, Sie sind stolz und glücklich.

### 3. Ich lasse es zu:

Stellen Sie sich vor den Spiegel und sagen Sie laut zu sich:

- *„Ich lasse es jetzt zu. Ich lasse mein Idealgewicht jetzt zu! Ich habe mich lange genug versteckt, ich habe mich lange genug selbst bestraft, das ist jetzt alles nicht mehr notwendig, auch wenn es als gutgemeinter Schutz gedacht war. Ich brauche das alles jetzt nicht mehr. Ich löse meine Blockade, meinen Schutzwall hier und heute auf und streife ihn hiermit ab. Ich* *bin es wert, schlank zu sein, ich bin es wert, geliebt zu werden und ich freue mich auf diese Herausforderung. Ich habe keine Angst mehr davor, denn ich weiß, dass ich liebenswert bin und ich freue mich auf das Abenteuer Leben. Ich möchte, dass du, mein Unterbewusstsein, mir dabei hilfst und diesen Wunsch und dieses Ziel unterstützt. Ich weiß, dass auch du mich dabei unterstützt, mein Idealgewicht von … Kilogramm zu erreichen. Ich habe mich dafür entschieden und bitte auch um deine Hilfe, ich bin mir völlig sicher, dass es zu meinem Besten ist. Hiermit und heute nehme ich endgültig Abschied von meiner alten Form. Es ist mein Herzenswunsch, …. Kilogramm zu wiegen und kein Gramm mehr. Ich will das, ich schaffe das, ich habe es verdient und ich bin es mir wert.* ***Und so soll es sein.****“*

### 4. Ich heiße es willkommen:

Jetzt öffnen Sie eine Flasche Champagner und stoßen mit sich selbst an, mit sich, die sie Ihr Idealgewicht haben. Mit der Person, die genauso aussieht, wie Sie es sich für Sie vorstellen. Ja, das sind Sie, beziehungsweise die Form, die bereits für Sie geschaffen ist und jetzt nur noch mit Leben erfüllt werden muss. Sie sehen, Ihr Wunsch ist bereits in Bearbeitung. Lächeln Sie sich, Ihrem Gast, zu, reichen Sie ihm die Hand und begrüßen Sie ihn herzlich. Umarmen Sie ihn, wenn Sie wollen, erheben Sie Ihr Glas und heißen Sie ihn willkommen. Führen Sie sich vor Augen, wie Sie sich in dieser neuen Form, mit exakt dem gewünschten Gewicht, in Ihr Leben lassen, wie Sie bereit sind, diese Gestalt anzunehmen und welche Freude Sie dabei empfinden.

### 5. Ich sehe es als Tatsache an:

Ab diesem Zeitpunkt konzentrieren Sie Ihren Blickwinkel nur noch auf die Person, die Sie sein wollen. Sie mit Ihrem Idealgewicht. Bewegen und verhalten Sie sich nach Möglichkeit und besten Kräften bereits so, als hätten Sie Ihr Idealgewicht bereits erreicht oder seien auf dem besten Weg dahin, auch wenn es schwer fallen mag. Betrachten Sie Ihre jetzige Form retrospektiv, also aus der Perspektive der zukünftigen Form.

Ihre jetzige Form wird sich dem Standpunkt, den Sie jetzt schon einnehmen, anpassen. Das ist eine Tatsache. Sie haben den Entschluss dazu gefasst, also wird es auch so geschehen. Nichts wird sich daran mehr ändern. Sie wiegen…Kilogramm und kein Gramm mehr. Schauen Sie sich schon einmal nach den Kleidern um, die Sie kaufen wollen, den Möglichkeiten für die Sportarten, die Sie betreiben wollen, dem notwendigen Outfit dafür, vielleicht legen Sie auch Ihren künftigen Jogging-Trail fest oder suchen sich Bikinis aus statt der Badeanzüge, die Sie jetzt tragen. Befassen Sie sich mit Ihrem künftigen Gewicht und den Konsequenzen daraus und nicht mit Ihrem jetzigen. Melden Sie sich in einem Fitness-Center an, besprechen Sie einen Trainings- und Ernährungsplan, der auf Sie abgestimmt ist und exakt Ihr Wunschgewicht berücksichtigt. Arbeiten Sie unablässig auf Ihr Ziel hin, das Sie als gegenwärtig immer vor Augen haben.

### 6. Ich empfinde Dankbarkeit:

Seien Sie dankbar dafür, dass Sie in absehbarer Zeit wieder Ihr Idealgewicht erreicht haben werden. Bedanken Sie sich für die Chance, das zu vollbringen. Bedanken Sie sich dafür, dass Ihre neue Form bereits bestellt, in Auftrag gegeben und gegossen ist und nur noch abgeholt werden muss. Bedanken

Sie sich dafür, dass Sie sich entschieden haben, diesen Weg jetzt so zu gehen. Bedanken Sie sich dafür, dass Ihr Gewicht Sie bisher vor Vielem beschützt hat, das aber jetzt nicht mehr notwendig ist. Bedanken Sie sich bei Ihrem Unterbewusstsein, das Sie dabei unterstützt, Ihr Idealgewicht zu erreichen. Bedanken Sie sich beim göttlichen Resonanzgesetz, das dafür sorgt, dass Sie Ihre Form so verändern, dass sie Ihren Vorstellungen und Ihrem Wohlempfinden exakt entspricht. Danken Sie sich selber dafür, dass Sie den Mut gehabt haben, diesen Entschluss zu fällen.

**7. Ich erwarte es:**

Treffen Sie alle Maßnahmen in Ihren Lebensumständen, die Ihrem neuen Gewicht entsprechen:

- Schaffen Sie Platz in Ihrem Kleiderschrank für Ihre neuen Sachen.
- Melden Sie sich im Fitness-Center o.Ä. an *(siehe Punkt 5).*
- Treiben Sie ab sofort einen Sport, der Ihnen Spaß macht.
- Gehen Sie jeden Tag spazieren, halten Sie sich möglichst viel an der frischen Luft auf, wenn möglich, laufen Sie jeden Tag oder schwimmen Sie.
- Stellen Sie Ihre Ernährung um: Essen Sie viel Obst und Gemüse, verzichten Sie auf Fast-Food.
- Schränken Sie Ihren Alkoholkonsum ein; wenn Sie Raucher sind, stellen Sie das Rauchen ein.

Verhalten Sie sich so, wie es jemand mit Ihrem Idealgewicht tun würde. Es ist möglich, es gibt Hunderte erfolgreicher Vorbilder. Sie mit Ihrem Idealgewicht rauchen nicht, trinken nicht, ernähren sich gesund, treiben viel Sport und lieben es, sich an der frischen Luft aufzuhalten. Wenn Sie nicht in dieses Bild passen, haben Sie bei Punkt 1 und 2 etwas falsch gemacht. Sie können heute noch aufhören zu rauchen, die Person mit Ihrem Traumgewicht raucht auch nicht, also hören Sie auf damit. Die Zeit, die Sie vor dem Fernseher verbringen, verbringen Sie ab sofort an der frischen Luft. Sie sind ein neuer Mensch, also verhalten Sie sich auch so. Wenn Sie nicht ganz klare, einwandfreie und starke Signale senden, wird nichts, aber auch gar nichts geschehen und dann können Sie bis in alle Ewigkeit fernsehen und Kartoffelchips knabbern.

Das Bild, das Sie von sich mit Ihrem Idealgewicht vor sich haben, muss so fest verankert sein, dass es Sie förmlich hinzieht. Dass Sie gar nicht anders können, als all die genannten Maßnahmen zu ergreifen. Das sind nicht mehr Sie, der da fernsieht, raucht, Bier trinkt und Pizza isst. Das ist Vergangenheit. Vorbei. Sie sind der, der sich bewegt, Sport treibt, sich gesund ernährt und dabei allen Spaß der Welt hat. Das sind Sie. Also verhalten Sie sich danach. Seien Sie ab sofort der, der Sie immer sein wollten. Senden Sie Ihre Signale, zeigen Sie, dass Sie auf dem Weg sind, dass Sie nicht mehr aufzuhalten sind. Und lassen Sie sich weder von alten Gewohnheiten, noch „wohlmeinenden“ Freunden und deren Ratschlägen oder auch Gespött abhalten.

Bleiben Sie beharrlich, lassen Sie nicht locker. Und irgendwann wird es soweit sein: Sie werden der sein, der Sie schon immer sein wollten, Sie werden Ihr Idealgewicht auf das Gramm erreicht haben und Ihre Freude und Ihr Stolz werden grenzenlos sein.

## 14. Das Prinzip der Aufwärts-/ Abwärtsspiralen

Sie alle kennen die Redeweisen *„Wenn es dicke kommt, dann kommt es dicke“*, *„Der Tag hat schon schlecht angefangen“*, *„Wenn man erstmal in der Sch... steckt...“*, *„Ich glaube, ich habe die Seuche“*, oder auch *„Wenn's läuft, dann läuft's“*, *„Geld kommt immer zu Geld“*, *„Die erste Million ist die schwerste“*, *„Der Teufel scheißt immer auf den größten Haufen“*. An der Börse heißt es dazu: *„The trend is your friend.“*

Das alles sind Redensarten oder Sprichwörter, die aus der praktischen Erfahrung, dem, was man auch gemeinhin „den Volksmund“ bezeichnet, stammen. Und sie sind allesamt wahr. Und diese durchaus wahren Beobachtungen, die sich durch ihre Häufung über Jahre eben zu einem allgemeingültigen „Grundsatz“ verdichtet haben, beruhen allesamt auf dem Resonanzgesetz.

Kurz gesagt kann man feststellen, dass sich ein negativer Trendkanal ebenso schnell beschleunigt und verstärkt wie ein positiver und dass es ebenso schwierig ist, einen negativen Trend in einen positiven umzukehren, wenn man sich erst einmal mittendrin befindet wie umgekehrt (was einem dann wiederum sehr zugute kommt). Das ist es, was ich unter dem Prinzip der Aufwärts- beziehungsweise Abwärtsspirale verstehe. Hat man den Sog erst einmal ausgelöst, ist es sehr schwer, ihm wieder zu entkommen, im Guten wie im Schlechten. Das ist wie im Fahrstuhl: Zeigt das Programm nach oben, fährt man hinauf, zeigt es nach unten, fährt man hinunter. Und während der Fahrt die Fahrtrichtung zu ändern, ist - wie man weiß - nicht ganz so einfach.

Also ist es zunächst wichtig, zu erkennen, in welcher Phase man sich befindet: in einer Aufwärtsphase, in einer Abwärtsphase oder irgendwo zwischendrin, im Niemandsland, da, wo sich die meisten von uns die überwiegende Zeit bewegen, in der Phase der Stagnation. Stagnation bedeutet das laue Mittel ohne richtig starken Trend: Mal ereignet sich ein wenig Gutes, mal ein wenig Schlechtes, man schaukelt einigermaßen richtungslos hin und her auf den Wogen des Lebens und weiß auch nicht so recht, wie man das ändern könnte. Oder man hat sich mit dieser Situation, an die man ja schon jahrelang gewöhnt ist, abgefunden, hat sich an das laue Mittelmaß angepasst. Nicht umsonst ist die Angst vor Veränderung oder dem Ungewohnten ja eine der stärksten und weitverbreitetsten Ängste.

Wie man mit Hilfe des göttlichen Resonanzgesetzes einen positiven Trend einleitet, haben wir ja schon erfahren. Wenn man sich mitten in einem positiven Trend befindet (Aufwärtsspirale), muss man nichts anderes tun, als es zu genießen, es zu bestätigen, so fortzufahren und dankbar für all das zu sein, was einem Gutes widerfährt. Was aber, wenn man das Gefühl oder mehr noch die Gewissheit hat, sich mitten im Abwärtsstrudel zu befinden? Wenn man depressiv ist, sich gar nicht erklären kann, warum einem das Pech so nachhaltig an den Stiefeln klebt, hilflos und ohnmächtig mit seinem Schicksal ringt und hadert, das Dasein und sein Schicksal verflucht und am Sinn seiner Existenz zweifelt? Wer kennt das eine oder andere dieser Gefühle und Stadien nicht? Da sagt es sich - oder liest es sich - leicht, einfach mal so eben einen positiven Trend einzuleiten. Nein, im Falle einer negativen Abwärtsspirale ist noch ein wenig mehr gefordert als das bisher Beschriebene. Wichtig ist zunächst, dass Sie sich über Ihre derzeitige Situation im Klaren sind und dieser ins Gesicht sehen:

- Ich befinde mich in einer Abwärtsspirale/negativen Situation, dies ist mir bewusst. Ebenso bewusst ist mir aber auch, dass ich mir selber helfen kann, und zwar nur ich allein, da wieder herauszukommen und im Gegenteil den Abwärtstrend in einen nachhaltigen Aufwärtstrend zu verwandeln. Das ist mein Ziel. Dies ist keine ungewöhnliche Situation, sondern eine, die viele Menschen durchleben. Aber ich weiß, dass ich mir mit Hilfe des göttlichen Resonanzgesetzes helfen kann. Und das werde ich jetzt tun.

- Ich bin mir im Klaren darüber, dass der negative Trend/ die Abwärtsspirale durch Handlungen und Gedanken meinerseits aus der Vergangenheit eingeleitet und ausgelöst wurden. Wenn ich jetzt mein Denken und daraus folgend auch meine Handlungen ändere, werden sich auch die Resultate ändern. Die von mir bisher ausgesendete Negativ-Frequenz wird hiermit gestoppt. Wenn ich lange genug frisches Wasser in ein Becken mit Brackwasser gebe, wird das frische Wasser irgendwann die Oberhand gewinnen. Ich darf nur nicht nachlassen, das ist mir klar.

Nachdem Sie sich über diese Ausgangssituation klar geworden sind, ist das Wichtigste, Ihren Blickwinkel von dem, was Sie belastet, abzuwenden - auf einen zukünftigen Zustand hin, exakt so, wie Sie ihn sich wünschen. Je mehr Sie auf das schauen, was ist, sich mit dem befassen was ist und Ihre Gedanken hauptsächlich um das kreisen, was ist (nämlich Ihre Probleme), desto mehr festigen Sie die augenblickliche Situation, zementieren sie oder füttern sie mit weiterem „negativem Stoff“, um den negativen Status quo nur ja aufrechtzuerhalten. Ja, auch in diesem Fall funktioniert das göttliche Resonanzgesetz mit gnadenloser Unerbittlichkeit. Dinge sind Gedanken. Das, was Sie sehen und erleben, entspringt Ihren Gedanken. Also wenden Sie Ihren Fokus (Ihren „Brennpunkt“ im besten Sinne) von dem ab, was Sie belastet und beschäftigen Sie sich im Geiste bereits mit Ihrer von Ihnen ideal zu gestaltenden Zukunft.

Das heißt nicht, alles, was erledigt werden muss, stehen und liegen zu lassen - im Gegenteil, die Aufräumarbeiten müssen geleistet werden. Betrachten Sie diese jedoch aus einem zukünftigen Blickwinkel heraus. Als hätten Sie rückwirkend eben noch einige unbedeutende, kleine, unangenehme Aufgaben zu erledigen, die aus einer Vergangenheit herrühren, als Sie ein völlig anderer Mensch waren, mit dem Sie jetzt nichts, aber auch gar nichts mehr zu tun haben. Sehen Sie Ihre Probleme bereits als erledigt an. Erleben Sie, wie sich das anfühlt. Spüren Sie diesem Gefühl nach und erleben Sie und genießen sie es. Diese belastende Situation, unter der Sie so gelitten haben, ist Vergangenheit. Richten Sie sich auf, gehen Sie gerade und erhobenen Hauptes. Sie haben allen Grund dazu. Sie befinden sich bereits in der Zukunft, auch wenn Sie noch von den Nachwirkungen Ihrer Vergangenheit belästigt werden. Betrachten Sie Ihre Probleme (unbezahlte Rechnungen, Streit mit dem Ehepartner, Ärger mit dem Chef etc. - was immer es auch sein mag) als die Nachwehen, als das letzte kurze und absehbare Nachbeben einer Welle, die Sie unbeabsichtigt ausgelöst haben und jetzt am Strand ausläuft. In Kürze wird Sie das alles nicht mehr interessieren. Widmen Sie sich der Lösung - *wohlgemerkt der Lösung, nicht dem Problem selbst* - dem, was noch gelöst werden muss, mit einer gleichgültigen Distanz, wohl wissend, dass es im Grunde schon gelöst ist und Sie nur noch formell das vollziehen, was längst schon vollzogen ist.

Schenken Sie nur der Lösung Ihre Aufmerksamkeit, niemals dem Problem an sich. Füttern Sie allenfalls die Lösung mit Energie, aber nie das Problem selber. Und bleiben Sie bei alledem in der Zukunft verankert.

Von einem solchen Standpunkt aus sind Sie unverletzlich.

Streit, Ärger, Verdruss - egal, was immer da noch von Außen an Sie herangetragen wird, bis die Situation, in die Sie sich da hineinmanövriert haben, endgültig bereinigt ist, all das wird an Ihnen abperlen und heruntertropfen wie an einem wetterfesten Anzug.

Es wird geschehen, dass Sie unter Umständen Rückschläge erleiden, Sie Momente oder auch Tage haben, da Sie zweifeln, da es Ihnen schwer, wenn nicht unmöglich erscheint, sich so zu verhalten, wie dargestellt. Momente, in denen Sie an sich, an diesem Buch, an der Wirksamkeit des göttlichen Resonanzgesetzes insgesamt zweifeln. Da Sie denken mögen: *„Da komme ich nie heraus, das schaffe ich niemals, niemals!"*

Nehmen Sie auch solche Situationen aus der Distanz heraus zur Kenntnis, schieben Sie sie nicht einfach weg. Sie sind vorbereitet, Sie wissen, dass so etwas passieren kann. Macht nichts. Ganz egal. Das gehört vielleicht sogar dazu. Sagen Sie sich, dass genau das dazugehört. Sonst wäre das ja auch alles viel zu leicht. In einer solchen Situation ist es das Beste, sich einfach abzulenken. Wenn Ihnen Ihre Gefühle eine solche Situation signalisieren, dann nehmen Sie diesen Alarm zur Kenntnis und gehen Sie sofort daran, sich abzulenken. Hören Sie Musik, die Ihnen lieb ist und die Sie aufbaut, schauen Sie sich einen erhebenden Film an, kaufen Sie sich irgendetwas Schönes, machen Sie einen Ausflug, ganz egal, aber wenden Sie Ihren Fokus irgendetwas Positivem zu.

Wichtig ist, diesen drohenden negativen Kreislauf zunächst einmal zu unterbrechen. Haben Sie das geschafft, können Sie wieder darangehen, sich gedanklich neu auszurichten, wie hier ausführlich dargestellt. Taktieren Sie wie eine geschickte Armee. Ziehen Sie sich zurück, wenn der Feind übermächtig erscheint und formieren Sie sich neu. Lassen Sie ihn ins Leere laufen und setzen Sie Ihren Weg danach ungerührt fort. Auch Nachgeben zum richtigen Zeitpunkt gehört zu einer guten und erfolgreichen Strategie, richten Sie sich danach, es kann Ihnen nichts geschehen, denn Sie sind vorbereitet und wissen genau, wie Sie sich verhalten müssen. Irgendwann sind auch diese Wehen vorbei, dafür ist die Freude nachher umso größer.

Haben Sie das Gefühl, die Abwärtsspirale angehalten, den negativen Trend gestoppt zu haben, dann ist es an der Zeit, mit aller Macht den positiven Aufwärtstrend einzuleiten und die Aufwärtsspirale in Gang zu setzen. Jetzt können Sie Ihre Wünsche und Ziele formulieren, visualisieren, mit positiver Energie aufladen, auf den Weg bringen und mit Freude und Ungeduld erwarten. So lange Ihr Wasser noch überwiegend brackig war, funktionierte das nicht. Herrschen negative Energien vor, kann kein positives Klima herbeigezaubert werden. Erst von einer Patt-Situation aus, nämlich dem Stopp des Abwärtstrends, kann der Hebel umgelegt und die rasante Fahrt nach oben aufgenommen werden.

Sie wissen, was geschieht, wenn man versucht, direkt vom Rückwärtsgang in den vierten Gang zu schalten. Ihre Gefühle werden Ihnen genau signalisieren, wann es soweit ist. Wenn Sie dem misstrauen, bitten Sie einfach um ein Signal, seien Sie sicher, Sie werden es erhalten. Achten Sie auch auf die vielen kleinen Hinweise einer schrittweisen Besserung. Wenn Sie achtsam sind, werden Ihnen diese auffallen. Das kann von einer schrittweisen Gemütsaufhellung bis zum Eintreffen eines unerwarteten Ereignisses gehen. Seien Sie offen für alles, schließen Sie nichts aus, erwarten Sie das Beste. In jeder Minute. Und halten Sie unverrückbar an der Tatsache fest, dass Ihre Probleme bereits gelöst sind:

- Sie haben bereits einen neuen Job, der Ihnen unglaublich Spaß macht, *auch wenn Sie momentan noch am alten Arbeitsplatz arbeiten.*

- Sie wohnen bereits in einer Villa am Meer, *auch wenn Sie sich zur Zeit noch in Ihrer kleinen Wohnung aufhalten.*
- Sie fahren bereits Ihr Traum-Cabrio, *auch wenn Sie zur Zeit noch Ihre alte Schrottkiste benützen.*
- Ihr Traumpartner ist bereits unterwegs zu Ihnen, *auch wenn Sie momentan einsam und alleine sind.*
- Sie sind rundum gesund und fühlen sich voller Energie, *auch wenn Sie zur Zeit niedergeschlagen und ausgelaugt sind.*

Sie müssen dies nur als unabänderliche Tatsache begreifen und annehmen. Es ist nur noch eine Zeitfrage, wann es eintrifft. Deshalb begreifen Sie Ihre Situation auch als momentan. Von Ihrem alten Zustand haben Sie sich bereits verabschiedet. Alles ist bereits eingeleitet. Und wenn Sie es erwarten, sehnsuchtsvoll und in voller Überzeugung, dass es eintreffen wird, dann wird es so sein. Sie werden es magnetisch anziehen. Es ist ausgesucht, angekreuzt, bestellt und bezahlt. Und es wird geliefert, seien Sie sicher! Und freuen Sie sich darauf.

## Übung 4
## Schaffen Sie Ihr Lebensbild
## Ihr Paradiesgemälde

Wenn Sie die sieben Punkte bei der Anwendung des göttlichen Resonanzgesetzes verstanden und verinnerlicht, die ersten positiven Erfahrungen gesammelt haben und sich somit in einer positiven Aufwärtsspirale befinden, können Sie darangehen, Ihr Lebensbild, Ihr Paradiesgemälde zu schaffen. Mit den Farben Ihrer Fantasie. Das ist vielleicht die größte und schönste und eindrucksvollste Aufgabe für Sie, die es in Verbindung mit den Mechanismen des göttlichen Resonanzgesetzes zu vollbringen gilt. Um Dinge zu kreieren, Wünsche zu verwirklichen, kreative Schaffensprozesse in Gang zu setzen - das haben Sie gelernt -, ist es unabdingbar, den Fokus seines Bewusstseins, seine Blickrichtung auf das künftige Objekt zu richten und nicht auf die gegenwärtige (Mangel-) Situation als solche. Sie müssen vor sich sehen, was Sie sich wünschen, müssen hundertprozentig sicher sein, dass Sie es bekommen, und sich fühlen und danach handeln, als hätten Sie es schon. Es gibt ein wunderbares praktisches Beispiel dafür, wie dieser kreative Schaffensprozess jeden Tag erfolgreich angewendet wird, ohne dass viel Aufhebens davon gemacht oder es auch nur mit den Mechanismen des göttlichen Resonanzgesetzes in Verbindung gebracht wird: die Malerei.

Ein Maler...

- ...hat das Abbild, das er erschaffen will, vollständig und in allen Einzelheiten vor Augen.
- Er freut sich darauf, wenn er es fertig gemalt haben wird.
- Obwohl sein Blick auf das unfertige Bild gerichtet ist, also den jeweils gegenwärtigen Zustand, befinden sich Bewusstsein und Fokus beim fertigen Bild (in der Zukunft beim gewünschten Objekt/Zustand). Er vergleicht das unfertige Bild (den Zustand, an dessen Veränderung er arbeitet) sozusagen vom Standpunkt der Zukunft, des Vollzugs, des fertigen Bildes aus und ergänzt lediglich das, was noch fehlt, um diesen Zustand zu komplettieren.
- Er ist sich hundertprozentig sicher und hat in der Regel keinen Zweifel daran, dass das Bild vervollständigt und genauso aussehen wird, wie er sich das vorher vorgestellt hat.
- Normalerweise geht er auch mit viel Emotionen und Gefühl ans Werk, das heißt, dass auch die notwendige Kraft und Energie dahinterstehen.

- Wenn das fertige Bild erst einmal geistig entstanden ist, wirkt das wie ein Magnet auf ihn. Er wird so lange daran arbeiten, bis die entsprechende dingliche Manifestation (das tatsächlich existente fertige Bild) geschaffen ist. Bei vielen ist diese Energie, dieser „Zug“ so stark, dass sie wie besessen an diesem Werk arbeiten und hinterher völlig erschöpft sind.

Dieser Mechanismus ist bei vielen Kreativen anzutreffen - in der Malerei, Bildhauerei, Musik, Schriftstellerei usw. Überall dort arbeitet man erfolgreich mit den Prinzipien des göttlichen Resonanzgesetzes, meist ohne sich dessen bewusst zu sein. Aber da es sich um kreative Schaffensprozesse handelt, kann es auch gar nicht anders möglich sein. Und diese Gegebenheit können Sie sich praktisch auf wundervolle Art und Weise zunutze machen, indem Sie sich Ihr eigenes Lebensbild malen, sich Ihr eigenes Paradiesgemälde schaffen.
Wenn Sie sich dieses Bild immer vor Augen halten und mit der notwendigen Energie speisen, wird das göttliche Resonanzgesetz alle Hebel in Bewegung setzen, um dieses Bild, genauso, wie Sie es gemalt haben, Realität werden zu lassen. Es lohnt sich also durchaus, sich damit ein wenig Mühe zu geben, außerdem macht es einen riesigen Spaß.

Und so gehen Sie vor:

- Als Erstes benötigen Sie einen großen Rahmen. Da es ein großes und lebendiges Bild wird, sparen Sie nicht mit Fläche. Denken Sie sich geistig eine leere Leinwand von vielleicht drei Metern mal einen Meter, womöglich auch größer, das bleibt Ihnen überlassen, Sie können die Fläche auch jederzeit noch vergrößern. Diese Leinwand „stellen“ Sie an einem für Sie sympathischen Ort auf, an dem Sie sich gerne aufhalten. Es ist wichtig, dass das Bild einen festen Standort hat, an den Sie sich jederzeit begeben können. Jetzt umfassen Sie die Leinwand mit einem prunkvollen Rahmen und geben dem Ganzen einen Titel: „Paradies ..." (Ihr Name). Diesen Titel schreiben Sie in großen geschwungenen Lettern auf eine goldene Plakette, die Sie oben in der Mitte des Rahmens befestigen, so dass er jederzeit gut lesbar ist. Abschließend signieren Sie das Bild in der rechten unteren Ecke, wohl wissend, dass hier jetzt Ihr persönliches Paradiesgemälde entsteht und mit Ihrer Unterschrift die Verpflichtung zur Vollendung geleistet ist. Anschließend hängen Sie das Bild auf.

• Jetzt steigen Sie in die leere Leinwand hinein - da es sich um eine dreidimensionale Leinwand handelt, können Sie das - laufen ein wenig in der noch leeren Umgebung herum, betasten den Rahmen von innen und blicken vom Inneren des Bildes auf die Umgebung. Das ist wichtig, damit Sie ein Gefühl für die weitere Dimension bekommen, in der Sie sich in Zukunft ab und zu aufhalten und bewegen. Anschließend steigen Sie aus dem Bild heraus und wenn Sie so weit sind, können Sie sich direkt ans Werk machen. Wenn Sie sich nur jeden Tag ein wenig Zeit für Ihr Paradiesgmälde nehmen, wird das Bild sich schnell füllen und mit Leben bedacht sein. Achten Sie darauf, dass Sie dabei ungestört sind und nicht abgelenkt werden können. Sie werden schnell feststellen, wie viel Spaß Ihnen dieses tägliche „Malen" bereiten wird.

• Als Erstes setzen Sie sich selbst ins Bild. Sie sind schließlich Mittelpunkt Ihres Werkes. Malen Sie sich so, wie Sie gerne aussehen und sich selbst im Bild sehen möchten. Ihrer Fantasie sind hier keinerlei Grenzen gesetzt. Sie verfügen über einen unbeschränkten Fundus an Kleidern und Kostümen, alle erdenklichen Farben stehen Ihnen zur

Verfügung. Und was das Schönste ist: Sie können Ihr Aussehen oder Ihre Gestalt jederzeit ändern, indem Sie mit Ihrem „Änderungspinsel“ das vorliegende Bild so bearbeiten, dass es Ihren neuen Vorstellungen entspricht. Wollen Sie irgendeine Figur ganz löschen, so nehmen Sie den „Löschpinsel“. Sobald Sie mit dem Löschpinsel über die Figur fahren, wird diese vollständig gelöscht. Sie verfügen also zum Malen insgesamt lediglich über drei Pinsel:

1. den Malpinsel (wenn Sie Neues malen), Ihr Standard - Handwerkszeug,
2. den Änderungspinsel (wenn Sie Änderungen vornehmen),
3. den Löschpinsel (wenn Sie etwas vollkommen löschen wollen).

Wenn Sie mit sich fertig und zufrieden sind, dann schaffen Sie sich als Nächstes die passende Umgebung: Wollen Sie in einer Villa am Meer wohnen, so malen Sie sich diese exakt so, wie Sie sie sich diese erträumt haben. Wenn Sie Lust haben, dann setzen Sie sich auf die Terrasse dieser Villa und blicken übers Meer. Wie fühlt sich das an? Da es sich um ein dreidimensionales Bild handelt, steigen Sie als Nächstes hinein und überzeugen sich davon, ob auch alles so ist, wie Sie sich das vorstellen: Begrüßen Sie sich (Ihre Figur) auf der Terrasse und wandern Sie nach Herzenslust in der Villa herum. Betreten Sie alle Räume, den Garten, den Swimmingpool, riechen Sie an den Pflanzen und Blumen, hören Sie das Singen der Vögel und das Meeresrauschen, setzen Sie sich zu Ihrem „Ebenbild“ auf die Terrasse und trinken Sie ein Glas Wein mit ihm, beglückwünschen Sie es zu diesem wunderbaren Besitz. Freuen Sie sich darüber und verlassen Sie das Bild, sobald Ihnen danach ist.

- In den folgenden Tagen und Wochen füllen Sie das Bild nach und nach mit allen Gegenständen und Lebewesen an, die Ihnen wichtig sind und von denen Sie umgeben sein wollen (Traumpartner, Traumauto etc.)
- Steigen Sie immer wieder in das Bild hinein und fügen Sie Änderungen an, wie es Ihnen beliebt und wie es Ihrem jeweiligen Bedürfnis und Ihrer jeweiligen Stimmung entspricht, löschen Sie, wenn Sie es für nötig erachten. Zögern Sie auch nicht, bei sich Änderungen vorzunehmen, und spüren Sie nach, was sich stimmiger anfühlt.
- Genießen Sie diesen Ort, spüren Sie, dass er Ihre Kreation ist, dass Sie ihn geschaffen haben und dass er Ihnen immer und zu jedem Zeitpunkt offen steht.
- Schauen Sie ein jedes Mal, wenn Sie das Bild verlassen, Ihr „Werk" und dessen Fortschritte mit Stolz und Freude an und sagen Sie laut zu sich: *„Und so soll es sein."* Beglückwünschen Sie sich, wenn Sie mit Ihrer Kreation, mit Ihrer Leistung als Architekt und Erschaffer zufrieden sind. Wenn Sie das Gefühl haben, mehr Platz zu benötigen, dann dehnen Sie den Rahmen einfach aus. Es wird nicht lange dauern und Sie werden feststellen, mit der stetigen Arbeit an Ihrem Bild ändert sich auch Ihr Leben. Vielleicht in Kleinigkeiten zunächst, aber Sie werden es feststellen. Sie werden es an Ihrer Stimmung merken, der Reaktion der Menschen auf Sie, den Geschehnissen um Sie herum, Ihren Reaktionen auf Ihr Umfeld etc. Das ist ein gutes Zeichen. Es verdeutlicht Ihnen, dass das göttliche Resonanzgesetz aktiviert und an der Arbeit ist, Ihr Leben im Hinblick auf das von Ihnen bereits geschaffene Idealbild „anzupassen". Heißen Sie diesen Prozess und alle Änderungen, die damit einhergehen willkommen, begrüßen Sie sie und seien Sie dankbar und glücklich darüber. Ihr Leben unterliegt jetzt einem wunderbaren

kreativen Umgestaltungsprozess, der noch dazu von Ihnen selbst initiiert wurde und gesteuert wird. Bald werden Sie verstehen, dass dieser Prozess niemals abgeschlossen sein wird. Alles unterliegt einem ständigen Wandel, nur die Veränderung selbst ist konstant. Und so wie Sie ständig Ihr Bild anpassen und verändern können, so, unterliegt auch Ihr Leben einem fortwährenden dynamischen Prozess, der von Ihnen als dem Gestalter und Lenker bewusst gesteuert wird. Denken Sie immer daran: Alles geht von Ihnen aus, von Ihnen ganz allein. Und vergessen Sie nicht, Ihr Bild mitzunehmen, wenn Sie in Ihre Villa am Meer ziehen!

## Übung 5
## Der Jungbrunnen

Wenn Sie Ihren Gesundheitszustand verbessern wollen, empfiehlt es sich, zusätzlich zum (gemäß Punkt 1-7) definierten und aktivierten Wunsch in Ihrem Paradiesgmälde einen Jungbrunnen zu erschaffen. Dies verstärkt bei entsprechend häufiger Nutzung die Wirkung ganz enorm. Gehen Sie folgendermaßen vor:

- Im Vorgarten Ihrer Villa befindet sich ein Naturbecken, das von Ihrer göttlichen Quelle gespeist wird. Folgen Sie Ihrer Intuition; sie wird Sie exakt an den Ort führen, wo sich dieses Becken befindet. Von oberhalb des Beckens fällt das klare, herrlich reine Quellwasser als kleiner Wasserfall über den Rand hinunter in das Becken, auf der gegenüberliegenden Seite fließt Wasser aus dem Becken über einen ebensolchen Absturz wieder ab. Es läuft also laufend frisches Wasser in Ihr Becken hinein, Sie können sich ohne

Gefahr unter den kleinen Wasserfall stellen und das kühle, herrlich erfrischende und völlig klare Quellwasser genießen und beobachten, wie es auf der anderen Seite über einen ebensolchen Sturz wieder abfließt.

- Es handelt sich um ein Natursteinbecken, das so bemessen ist, dass Ihnen das Wasser bis zur Brust reicht, wenn Sie sich hinsetzen. Sie können sich also unter den prasselnden Wasserfall stellen, sich in das Becken setzen und dabei an den Rand lehnen oder sogar Schwimmzüge machen, denn das Becken ist so groß, dass Sie auch bequem darin umherschwimmen können. Sie hören das Schäumen des Wassers, hören das Singen der Vögel in Ihrem Garten; Libellen schwirren umher. Das Becken liegt halb in der Sonne, halb im Schatten, so können Sie je nach Lust und Laune Ihren Aufenthaltsort variieren. Das Wasser ist wunderbar frisch und klar, Sie können bis auf den Boden des Beckens sehen. Werden Sie sich klar darüber, dass dies Ihr persönlicher Jungbrunnen ist.
- Jetzt betreten Sie das erste Mal Ihren persönlichen Jungbrunnen. Ziehen Sie sich nackt aus und steigen Sie hinein in das Becken. Das Wasser ist herrlich kühl und klar, aber nicht kalt. Es fühlt sich genau richtig an. Laufen Sie ein wenig im Becken herum, dann stellen Sie sich unter den kleinen Wasserfall. Genießen Sie das auf sie herabprasselnde Quellwasser, schließen Sie die Augen und stellen Sie sich dabei vor, wie es durch Ihren Körper strömt und alle Unreinheiten, alles Dunkle, Schmerzhafte und Unharmonische mit sich nimmt und Ihren Körper mit seiner Kraft und Frische wieder vollkommen neu auffüllt und revitalisiert. Spüren Sie diesen Durchfluss durch Ihren Körper und spüren Sie, wie Ihr Körper diese Energie aufnimmt, wie alle Zellen frisch durchgespült werden und jetzt wieder vibrieren vor Energie. Drehen Sie sich um, öffnen Sie Ihre

Augen und beobachten Sie, wie das, was aus Ihrem Körper herausgewaschen wurde, als Verunreinigung, als dunkles Rinnsal über den Sturz auf der gegenüberliegenden Seite des Beckens hinweggespült wird. Bleiben Sie so lange unter dem Wasserfall, bis Sie sich vollkommen gereinigt und vitalisiert fühlen.

- Jetzt setzen Sie sich an den Rand des Beckens und genießen, wie das Heilwasser Sie und Ihren Körper umfängt, wenn Sie wollen, tauchen Sie unter und schwimmen Sie ein wenig. Spüren Sie dabei, wie das Heilwasser Ihren gesamten Körper durchströmt, alles Unreine löst und herauswäscht, Ihre Zellen durchströmt, Ihren Körper mit frischer Energie betankt und wieder mit Kraft auffüllt. Wenn Sie ein bestimmtes Gebrechen haben, dann stellen Sie sich vor, wie dieses Heilwasser Ihr Gebrechen heilt. Wie es das, was nicht dazugehört, aufnimmt und fortspült, wie es das, was beschädigt oder angegriffen ist, erneuert, wie es Ihnen insgesamt die Kraft und Jugendlichkeit wieder Zug um Zug zurückgibt, so dass Sie Ihrem Jungbrunnen nach jedem Bad erfrischter, gestärkter, jugendlicher und gesünder entsteigen. Stellen Sie sich diese Veränderung einzeln und genau vor, während Sie im Becken sitzen oder Ihre Runden drehen. Spüren Sie diese Veränderungen körperlich. Nehmen Sie sie wahr, freuen Sie sich darüber und seien Sie dafür dankbar. Segnen Sie Ihren Jungbrunnen dafür. Er ist eine wahrhaft wundervolle Einrichtung.
- Wenn Sie wollen, können Sie sich zusätzlich zu Ihrem Jungbrunnen angrenzend noch ein Becken mit Moorheilschlamm schaffen. Dieses Becken mit heilendem heißen, schwarzen Moorschlamm suchen Sie nach jedem Bad im Jungbrunnen auf, setzen sich hinein und lassen Ihren Körper von dem schwarzen Heilschlamm revitalisieren und remineralisieren und von allen äußerlichen Unreinheiten

befreien. Der Schlamm riecht leicht schweflig und blubbert in schwarzen Blasen vor sich hin, gespeist aus einer unterirdischen Quelle. Er verleiht Ihrem Körper alle Mineralien, die er benötigt, befreit ihn durch seine Wärme von allen Verspannungen, strafft die Haut, durchblutet sie sehr stark und befreit sie von allen Unreinheiten. Spüren Sie, wie gut der Heilschlamm Ihrem Körper und Ihrer Haut tut. Bleiben Sie wiederum so lange in diesem herrlichen Heilschlamm sitzen, wie es Ihnen Ihr Gefühl als richtig und passend vorgibt. Anschließend duschen Sie sich unter dem Wasserfall des Jungbrunnens kurz ab.

- Machen Sie sich dieses Bad im Jungbrunnen, das Sitzen im Heilschlamm zum täglichen Ritual, auf das Sie sich freuen, das Sie beinahe herbeisehnen. Reservieren Sie sich am besten eine bestimmte Zeit des Tages oder Abends dafür. Genießen Sie dieses Bad und spüren Sie die Veränderungen in Ihrem Körper und bezüglich Ihrer Gesundheit, die mit dem regelmäßigen Besuch des Jungbrunnens einhergehen. Beobachten Sie die äußeren Veränderungen, Ihre straffere, besser durchblutete, völlig reine Haut und die neue Kraft und Energie, die Ihren Körper erfüllen, die jede einzelne Zelle Ihres Körpers durchströmen. Vergegenwärtigen Sie sich, welch mächtiges Hilfsmittel Sie mit Ihrem persönlichen Jungbrunnen zur Hand haben und seien Sie dankbar für dieses unvergleichliche Geschenk.
- Wenn Sie unter einer speziellen Krankheit oder einem Gebrechen leiden, so stellen Sie sich vor, während Sie im Heilwasser schwimmen oder im Heilschlamm sitzen, dass dieses Heilwasser/dieser Heilschlamm Ihre Krankheit/Ihr Gebrechen vollständig aufnimmt. Dass Sie es aufnehmen und wegspülen. Dass Sie alles, was mit Ihrer Krankheit zu tun hat, aus Ihrem Körper saugen. Das Wasser nimmt es auf, der Heilschlamm nimmt es auf, das ist deren Aufgabe.

Die Reste waschen Sie unter dem Wasserfall Ihrer göttlichen Quelle ab. Alles, was mit der Krankheit zu tun hat, lassen Sie im Wasser zurück, nichts bleibt in Ihrem völlig gereinigten Körper zurück, wenn Sie das Becken wieder verlassen. Und Sie können beobachten, wie es als dunkles Rinnsal hinweg gespült wird. Machen Sie diese Übung wieder und wieder, die ersten Fortschritte werden sich sehr schnell einstellen. Sehen Sie sich jedesmal als vollkommen gesund und geheilt dem Becken entsteigen, so lange, bis Sie tatsächlich vollkommen gesund und geheilt sind.

Ergänzend oder auch alternativ können Sie sich vorstellen, wie Sie im Meer schwimmen und das Salzwasser Ihren Körper reinigt, wie es alle Zellen durchspült und alles Dunkle und Schmutzige mit sich nimmt. Wenn Sie Probleme mit bestimmten Organen haben, können Sie sich auch vorstellen, jedes einzelne Organ im klaren, reinigenden, mineralstoffreichen Meerwasser durchzuwaschen. Spülen Sie das betroffene Organ so lange aus, bis es vollkommen gesund, sauber und gut durchblutet aussieht.

Bei Hautproblemen können Sie die ganze Haut durchspülen. Stellen Sie sich dazu Ihre Haut wie ein Tuch vor, das Sie durchwaschen, immer und immer wieder, so lange, bis die Haut vollkommen sauber ist. Anschließend können Sie - wenn Sie dabei ein gutes Gefühl haben - Ihre Organe beziehungsweise Ihre Haut in der Sonne trocknen und vom goldenen Sonnenlicht durchfluten und wieder aufladen lassen. Dies ist eine sehr starke Visualisierungsübung für Reinigung wie Energetisierung. Wiederholen Sie sie immer dann, wenn Sie sich danach fühlen.

Gerade in Zeiten der sogenannten Winterdepression - also in unseren Breitengraden von November bis April - bietet sich ein visualisierter Strandspaziergang mit Schwimmen im

Meer und Sonnenbad an. Gönnen Sie sich dieses Vergnügen und nehmen Sie sich ein wenig Zeit dafür. Je mehr Emotionen Sie damit verknüpfen, desto wirksamer die Visualisierung; hier verhält es sich genauso wie beim göttlichen Resonanzgesetz. Also fühlen Sie den Sand unter Ihren Füßen, wenn Sie Ihren Traumstrand entlangspazieren, schmecken Sie das Salzwasser auf Ihrer Haut, spüren Sie die heilenden und wärmenden Sonnenstrahlen über Ihren Körper gleiten. Nehmen Sie sich so viel Zeit wie möglich, genießen Sie es und malen Sie es sich in allen angenehmen Schattierungen und Details aus.

## Übung 6
## Der Klang des Körpers

Unser Körper besteht aus Milliarden von Zellen, die sich in einem bestimmten Zeitraum wieder erneuern. Zudem birgt jede einzelne noch so kleine Zelle die gesamte Erbinformation, also das Wissen um alles, in sich. Unser Körper ist somit holographisch aufgebaut, im Kleinsten findet sich das Größte, ganz nach dem Grundsatz des Hermes Trismegistos. Alle diese Zellen schwingen, sie „spielen“ sozusagen Ihre Musik, und so können Sie Ihren Körper auch als gewaltiges Orchester betrachten, das fortwährend die Symphonie der Zellen wiedergibt.

Nun verhält es sich hier auch nicht anders als bei jedem Orchester: Es gibt immer Einige, die falsch spielen, die nicht richtig mitschwingen, die aus dem Rhythmus sind oder sogar wissentlich falsch spielen. Lauschen Sie einmal hinein in Ihren Körper und versuchen Sie, seinen Klang zu hören. Wie klingt Ihr Körper? Klingt er stimmig, klingt seine Musik melodisch? Oder hört sich das eher wie eine gewaltige, chaotische Kakofonie an, wie ein einziger großer Missklang? Jetzt stellen Sie sich Ihre Zellen vor, wie sie schwingen und damit diese Musik erzeugen. Gesunde Zellen erzeugen einen reinen, wunderbaren Klang; kranke Zellen, Zellen, die „aus dem Rhythmus“ sind, spielen falsch. Hören Sie einmal hinein in Ihre Zellen. Gehen Sie durch Ihren Körper und entnehmen Sie Klangproben. Hören Sie dorthin, wo Ihr Körper einwandfrei spielt, und auch dorthin, wo die Missklänge herkommen. Wandern Sie durch Ihren Körper, durch jede Region, durch jedes einzelne Organ und lauschen Sie. Lauschen Sie, welchen Klang Ihr Herz von sich gibt, Ihre Lunge, Ihre Nieren. Gehen Sie hinein und lauschen Sie dem Ton der Zellen. Hören Sie genau hin. Sie werden sofort bemerken, wo und in welchem Umfang falsch gespielt wird. Wenn Sie Zellen ausfindig gemacht haben, in denen ein Missklang erzeugt wird, dann senden Sie ihnen Licht und Liebe. Senden Sie ihnen ein goldenes Licht, das sie durchflutet und von allem Dunklen, Schweren, Kranken befreit. Spülen Sie Ihre Zellen mit diesem goldenen Licht durch und achten Sie auf die Veränderung des Klangs. Lassen Sie das Licht so lange fluten, bis der Ton der Zellen wieder rein und licht und klar und genau und so melodisch klingt, dass er sich harmonisch in das gesamte Klanggefüge Ihres Körpers einpasst.

Verändern Sie die Schwingung der betroffenen Zellen, indem Sie mehr und mehr goldenes Licht, Sauerstoff und frisches klares Zellwasser in die Zellen einströmen lassen. So viel und so lange, bis die Zellen wieder harmonisch schwingen und alle Unreinheiten herausgewaschen sind. Wiederholen Sie das mit jedem einzelnen betroffenen Organ und jeder „nicht stimmigen“ Region Ihres Körpers, so lange, bis Ihr Körper insgesamt wieder wunderbar harmonisch und absolut rein klingt. Und dann lehnen Sie sich entspannt zurück und lauschen der göttlichen Symphonie Ihres Körpers.

## 15. Vorbereitung für eine kreative Visualisierung

Auch eine Visualisierung ist ein kreativer Schaffensprozess, der eine große Wirkung entfalten kann, wenn er mit der entsprechenden Energie versehen wird. Wie das funktioniert, wissen Sie ja bereits. Visualisierungen gelingen am leichtesten in einem entsprechend entspannten Zustand, idealerweise dem sogenannten Alphazustand. Um leicht und schnell in diesen entspannten Zustand zu kommen, dient folgende Übung, die als Vorbereitung zu jeder Visualisierung empfohlen wird:

- Suchen Sie sich einen ruhigen Ort, an dem Sie nicht gestört werden können, alternativ die Phase vor dem Einschlafen.

- Setzen Sie sich ruhig und entspannt hin, möglichst bequem, aber aufrecht, ansonsten ist die Gefahr des Einschlafens zu groß.

- Atmen Sie zehnmal tief durch, bleiben Sie dabei mit Ihrer Aufmerksamkeit bei Ihrem Atem und beobachten Sie den Weg des Atems tief in die Lungen und wieder zurück

- Jetzt schließen Sie die Augen, wobei Sie weiter tief und ruhig durchatmen. Stellen Sie sich einen Aufzug vor, der Sie gleich weit mit hinunternimmt, Sie zu einem Ort führt, tief in Ihrem Unterbewusstsein, wo Sie vollkommen entspannt sind.

- Jetzt betreten Sie diesen Aufzug, der über fünf Knöpfe verfügt, die die Ziffern null bis minus fünf tragen. Sie drücken auf „minus fünf", und der Aufzug fährt los. Sie atmen immer noch tief und ruhig.

- Sie spüren, wie der Aufzug nach unten fährt. Über der Aufzugtür leuchtet die Ziffer des jeweiligen Stockwerks auf. Sie beobachten das und zählen in Gedanken mit: minus eins, minus zwei, minus drei, minus vier und minus fünf.

- Jetzt sind Sie ganz unten, es geht nicht mehr weiter. Mit einem Ruck kommt der Aufzug zum Halten und die Türen öffnen sich: Sie treten hinaus und sehen einen Weg, der genau zu dem Ort hinführt, an dem Sie jetzt gerne sein wollen (Strand am Meer, Felsquelle, Paradiesgarten etc.).

- Wenn Sie Ihre Visualisierungsübung beendet haben, gehen Sie zum Aufzug zurück und fahren wieder nach oben (Stockwerk null), wobei Sie die Stockwerke in Gedanken wieder mitzählen, von „minus fünf" bis „null". Sie wissen, dass Sie bei „null" wieder da ankommen, wo Sie eingestiegen sind. Sagen Sie sich, dass Sie bei „null" die Augen öffnen und wieder vollkommen wach und klar sind.

- Bei „null" angekommen, öffnen Sie die Augen, strecken Sie sich und atmen nochmals zehn Mal tief durch, wie zu Beginn Ihrer Reise.

# TEIL 2

# BEWUSSTSEIN = BEWUSST SEIN

Über Bewusstsein verfügen kann ich nur, wenn ich bewusst bin. Je mehr und je länger ich bewusst bin, desto mehr Bewusstsein häufe ich an. Je mehr Gedanken und Gefühle ich verdränge und rationalisiere, desto mehr *Unter*-Bewusstsein sammelt sich. Unterbewusstsein ist nichts anderes als durch Energie gebundenes Bewusstsein. Bewusstsein ist die höhere Stufe des Seins, Unterbewusstsein ist die niedrigere Stufe der Erfahrung. Der Unterschied ist ein Quantensprung, nämlich der vom Werden zum Sein. Es ist das Aufwachen und die Erkenntnis: Die gesamte Schöpfung beruht nur auf einem einzigen Schöpfungsprinzip, dem göttlichen Resonanzgesetz, und dass jeder Mensch es schon immer angewendet hat, anwendet und immer anwenden wird.

Bewusst-*Sein* bedeutet:

- Voll und ganz im Hier und Jetzt präsent zu sein,
- voll und ganz in seinem Körper präsent zu sein,
- zu wissen, wo sich der Fokus befindet,
- mit sich selbst vollkommen im Reinen zu sein,
- sich in einem Zustand der allumfassenden, liebenden Annahme zu befinden,
- um seine Schöpferkraft zu wissen,
- Gedanken und Gefühle wahrnehmen und beobachten zu können, ohne sich an ihnen zu verhaften,
- aus der gegenwärtigen Situation heraus zu handeln beziehungsweise das, was geschieht, geschehen lassen,
- nicht zu werten, zu verurteilen, sich nicht in das Spiel der Polaritäten hineinziehen zu lassen,
- den Unterschied zu seiner Persönlichkeit zu erkennen.

Vollständiges Bewusstsein bedeutet göttliches Bewusstsein in einem physischen Körper. Als purer Ausdruck von Liebe.

Jenseits der Angst, jenseits der Trennung, jenseits aller Illusionen. Aus diesem Bewusstsein heraus wird eine Realität der Liebe erschaffen, ja kann gar nichts anderes erschaffen werden. Dann hätten wir das Paradies in uns. Dann wüssten wir in jedem Moment, was es zum höchsten Wohl der Schöpfung zu erschaffen gilt. Ganz automatisch. Aus uns selbst heraus. Dann wären wir auf der höchstmöglichen Bewusstseinsstufe angelangt.

Die Beschränkungen nach und nach, Zug um Zug abzubauen, die uns dabei im Wege stehen, ist Sinn und Ziel dieses Buches, und die allergrößte Beschränkung dabei ist das Denken. Das Denken, das in unserer materialistischen Zeit einen viel zu hohen Stellenwert einnimmt, das Denken, mit dem wir uns leider oft genug und immer wieder selbst identifizieren.

## 1. Das Denken als Ursprung

Und „denken" heißt, im Terminus des göttlichen Resonanzgesetzes zu „senden". Energie auszuschicken. Frequenzen, die ihresgleichen suchen. Die einen Kanal geöffnet haben, auf dem diese Frequenzen durch ihresgleichen verstärkt wieder zurückfließen (die Resonanzen).

Und wir denken immer. Unablässig. Unwissentlich meistens und deshalb auch unkontrolliert. Und haben keine Ahnung, was wir damit anrichten.

Kontrolle über das Denken zu bekommen, heißt vor allem Bewusstsein zu entwickeln. Das Bewusstsein dafür zu entwickeln, dass diese Prozesse permanent ablaufen und wie sie ablaufen. Unser Gehirn ist wie eine vollkommen außer Kontrolle geratene Fabrik, die produziert und produziert und produziert..., Waren ausspuckt ohne Ende und diese willkürlich in die verschiedensten Richtungen verteilt. Und das meiste davon ist Müll, Ausschuss, mit dem wir unentwegt unsere Umwelt belasten. Gedankenmüll. Eine Hypothese der modernen Wissenschaft lautet, dass der Schlaf nur deshalb notwendig ist, um genau diesen Prozess einmal zu unterbrechen beziehungsweise sich davon zu erholen, nicht nur aus physischen Gründen. Versuchen Sie einmal, *nicht* zu denken! Es wird Ihnen nicht gelingen. Es wird Ihnen nicht gelingen, diesen automatisch ablaufenden Prozess, dem wir scheinbar hilflos unterworfen sind, auch nur für einen winzigen Moment lang zu unterbrechen. Die Inder beschreiben unsere Gedanken als Affen, die wahllos von Baum zu Baum hüpfen, ohne Orientierung und Ziel.

Wenn also klar ist, dass wir den Gedankenstrom nicht unterbrechen oder aufhalten können (nur durch jahrelange intensive Meditation gelingt es dann und wann, eine Lücke zwischen dem einen und dem darauffolgenden Gedanken zu entdecken und einen kurzen Blick auf das „Dahinter" zu werfen, was von verschiedenen Weisheitslehrern als das Nirwana oder die große Leere beschrieben wird), so muss man wenigstens versuchen, ihn zu kontrollieren oder zumindest zu beeinflussen. Und der erste und wichtigste Schritt dazu ist Bewusstsein, was in diesem Fall heißt: *Beobachtung*.

Jeder Mensch ist in der Lage, sich selbst zu beobachten. Sie alle kennen das. Machen Sie jetzt den Versuch und lösen Sie sich von sich selbst und beobachten Sie sich von einer höheren, losgelösten Position aus, wie Sie dasitzen und dieses Buch lesen. Es ist möglich, ja es ist nicht besonders schwierig. Sie können sich beobachten, alle Ihre Gesten und Bewegungen verfolgen wie ein Dritter. Als unbeteiligter Beobachter. Und so, wie Sie ihr Äußeres, Ihre Bewegungen und Gesten beobachten können, wenn Sie wollen, so können Sie auch den Fluss Ihrer Gedanken beobachten. Das ist nicht ganz so einfach, aber dennoch möglich. Versetzen Sie sich in die Position eines Dritten, eines unbeteiligten Beobachters, und beobachten Sie den Fluss Ihrer Gedanken. Und folgen Sie ihm. Nehmen Sie keinen Einfluss, versuchen Sie nicht, die Gedanken zu unterbrechen oder zu beeinflussen oder umzuleiten, schauen Sie einfach zu, beobachten Sie, was Sie denken, wie die Gedanken fließen, wie sie zusammenhängen, wie eines das andere ergibt, wie sie vorbeiziehen an Ihnen wie ein endlos geflochtenes Band. Beobachten Sie die Verknüpfungen, das sind oft Assoziationen von einem zum anderen, Bilder, die Gefühle wecken, die wiederum weitere Gedanken heraufziehen lassen. Ein endloser Flickenteppich.

Ich schaue auf die Uhr und denke ans Mittagessen. Das Bild von einem leckeren Braten steht mir vor Augen und ich denke an meine Tante Mechthild, die sonntags immer Kalbsbraten gekocht hat. Ich sehe die Tante vor mir, wie Sie da am Herd steht und ich als kleiner Junge daneben. Dann höre ich die Rufe meiner Mutter aus dem Garten, die unter den Kirschbäumen steht. Und denke sofort an die Säure der Sauerkirschen, die wir von den Bäumen schüttelten. Und jetzt fällt mir ein, dass morgen Markt ist und ich eigentlich Kirschen kaufen könnte. Und dass wir keine Butter mehr haben. Und ich nehme einen Zettel und schreibe darauf: Butter. Und ich gehe zum Kühlschrank und schaue nach, was sonst noch alles fehlt. Und sehe an der Kühlschranktür die Postkarte von meinem Freund Waffi aus der Dominikanischen Republik. Und denke an Meer und Strand und strahlenden Sonnenschein. Und überlege auch schon, im Sommer vielleicht wieder einmal nach Griechenland zu fliegen. Und lache, weil mir dazu einfällt, dass die Griechen ja Fußballeuropameister waren und ihr Trainer, Otto Rehagel, „Rehakles“ genannt wird. Und von Rehakles springen meine Gedanken zu Sophokles und das Drama mit Birgit, als ich ihr imponieren wollte und sie mit in die Vorstellung im Staatstheater nahm. Und ihren vollkommen verständnislosen Blick, mit dem sie mich nach den ersten zehn Minuten immer wieder betrachtete. Das war in München, wo Tante Mechthild lebte, bei der ich während meines Praktikums bei der Zeitung wohnte. Die sonntags den sagenhaften Kalbsbraten zubereitete, an den ich jetzt eben denke, während ich auf die Uhr schaue.

So entstehen Gedanken, so läuft das Gedankenband, gespeist von Assoziationen, Gefühlen, Erinnerungen, frischen Eindrücken etc. Und es ist eben nicht so, dass man „wissentlich" denkt oder Gedanken schafft, sondern vielmehr überflutet wird von diesem permanent aufsteigenden Brodem. Und selbst, wenn Sie über ein spezifisches Problem oder eine bestimmte Aufgabe nachdenken, werden Sie feststellen, wie viel Konzentration es benötigt, „bei der Sache zu bleiben", und wie schnell man immer wieder abgelenkt wird. Und das heißt nichts anderes als wieder vom Gedankenstrom erfasst und weggetragen zu werden.

Wenn Sie also eine Zeit lang ihre Gedanken beobachten - und auch diese Position des unbeteiligten Beobachters beizubehalten ist nicht leicht, das werden Sie feststellen - werden Sie ein Gefühl für den permanenten Gedankenstrom bekommen. Sie werden erkennen können, dass nicht Sie ihn willkürlich produzieren, sondern er sozusagen immer da ist und aus Ihnen heraus oder an Ihnen vorbeifließt. Und dass Sie in der Lage sind, ihm zu folgen und ihn zu beobachten. Das ist die erste ganz wichtige Erfahrung und Erkenntnis: *Sie sind nicht Ihre Gedanken!*

Machen Sie sich das ganz klar: Sie sind nicht identisch mit Ihren Gedanken. So lange Sie sich noch mit Ihren Gedanken identifizieren, haften sie Ihnen an wie Klebstoff. Sie identifizieren sich mit dem, was Sie denken. So entsteht die sogenannte Persönlichkeit, ein künstliches Gebilde, Pappmaschee aus Gedankenklebstoff. Wenn Sie sich erst einmal klar darüber geworden sind, dass die Gedanken einfach kommen und gehen, dass sie immer da sind, wie Wolken ziehen über einen blauen Himmel und dass sie mitnichten von Ihnen wissentlich produziert werden und meistens schon gar nicht originell sind, sondern ein Knäuel aus Assoziationen, Erfahrungen, Eindrücken, Secondhandwissen, dann - aber auch erst dann - werden Sie in der Lage sein, sich von ihnen zu lösen. Das heißt, Ihre persönliche Identifikation mit Ihren Gedanken aufzugeben und sie zu betrachten, wie man ein Gemälde eines Künstlers betrachtet oder einen vorbeifließenden Fluss. Sie sitzen am Ufer und betrachten ihn, wie er träge und ruhig und unaufhaltsam und immerwährend dahinfließt. Er hat seine eigene Schönheit. So wie der Patchworkteppich der Gedanken auch seine eigene Schönheit hat, wenn Sie ihn als Außenstehender betrachten. Und in diesem Moment, wenn Sie diese Stufe erreicht haben, wenn Sie sich von Ihrer bisherigen Identifikation gelöst haben, wenn Sie nicht mehr anhaften am Klebstoff der Gedanken, dann ist es möglich, Einfluss zu nehmen.

Bisher sind Sie mitgetrieben auf dem Strom der Gedanken wie ein Stück Treibholz. Ganz dem Strom ausgeliefert. Mal hierhin, mal dorthin. Weiter und weiter. Ohne Einfluss zu nehmen auf Richtung und Geschwindigkeit. Jetzt können Sie vielleicht das erste Mal erkennen, dass Sie nicht dieses Stück Treibholz sind, sondern ein losgelöster, neutraler Beobachter, der am Ufer sitzt und ruhig und unaufgeregt den Strom beobachten kann und damit auch all das Treib- und Schwemmgut, das dieser mit sich führt. Und Sie können selbstverständlich auch hineinsteigen in diesen Strom und ein Stück mitschwimmen und darin herumplanschen nach Herzenslaune. Es ist eine herrliche Erfahrung. Lassen Sie sich treiben, legen Sie sich auf den Rücken und schauen Sie nach oben in den klaren, blauen Himmel. Fühlen Sie sich wie ein Kind, unbewusst und frisch und jung. Und jetzt drehen Sie sich um und schwimmen Sie eine Weile gegen den Strom. Sie werden feststellen, wie viel Kraft das kostet. Und wenn Sie genug haben, steigen Sie einfach aus dem Wasser, legen Sie sich am Ufer in die Sonne und lassen sich trocknen. Und fühlen Sie, wie herrlich, wie schön, wie unverbraucht das Leben doch ist. Und dass Sie nicht mehr Sklave Ihrer Gedanken sind. Lassen Sie sich nicht mehr hilflos mittreiben auf diesem Strom. Fühlen Sie sich frisch und leicht und von einer gewaltigen Last befreit – und Sie sind davon frei! *Es sind nicht Ihre Gedanken,* sondern es ist etwas Drittes, dahinter Stehendes, Unbeflecktes. Das immer da war und immer da sein wird: der strahlend blaue Himmel, auf dem Ihre Gedanken dahintreiben wie graue Wolken.

Dies ist der erste, allerwichtigste Schritt. Kein Stück Treibholz auf dem Strom der Gedanken zu sein, das einfach mitgerissen und irgendwohin gespült wird. Die meisten Menschen empfinden sich als solch ein Treibholz und wundern sich, dass sie irgendwo ankommen, wo sie doch niemals hinwollten, sie an ein Ufer geworfen werden, das ihnen nicht gefällt und fremd ist. Es gibt kein Schicksal, außer man liefert sich ihm aus - und schafft es damit erst!

Lassen Sie sich nicht entmutigen, wenn Sie immer wieder zurückgeworfen werden, immer wieder in den alten Gedankentrott hineingleiten. Das ist ganz normal. Seien Sie nicht ungeduldig. Versuchen Sie einfach, liebevoll und nachsichtig mit sich zu sein, wie mit einem Kind, das auch langsam das Gehen lernt und immer wieder umfällt. Stehen Sie immer einmal mehr auf, als Sie hinfallen! Versuchen Sie auch im sogenannten Alltag, im Haushalt oder Beruf, immer wieder die Position des unbeteiligten Beobachters einzunehmen und sich selbst und ihre Gedanken, Gefühle und Taten zu beobachten. Machen Sie ein Spiel daraus. Loben Sie sich selbst für Ihre Fortschritte und Ihre Beharrlichkeit. Je mehr es Ihnen gelingt, desto einfacher und selbstverständlicher wird es und desto mehr Spaß wird es Ihnen bereiten. Und wenn Sie merken, dass Sie abgleiten, dann holen Sie sich einfach behutsam zurück.

Betrachten Sie sich während Ihrer Verrichtungen im Haushalt, während Ihrer Besorgungen in der Stadt, an Ihrem Arbeitsplatz, machen Sie es sich zur Gewohnheit, immer und überall, die Übung mit dem unbeteiligten Beobachter zu vollziehen. Sie werden sehr schnell ein feines Gefühl dafür bekommen, wer Sie nicht sind, welchen und wie vielen Automatismen und bedingten Reflexen Sie unterliegen, wie Gefühle entstehen und wie echt oder falsch sie sich anfühlen, was Sie sagen und wie Sie es sagen, wie viel tausend Ablenkungen sie unterliegen und wie Sie sich bemühen, diesem „Ihrem" inneren Bild von Persönlichkeit, das Sie auf andere vermitteln wollen, gerecht zu werden.

Der große Weisheitslehrer Gurdjieff hat uns alle als fremdgesteuerte Maschinen bezeichnet, und den Menschen dahinter als den, der schläft. Schlafend trotten wir durch die Welt. Und nicht umsonst predigen viele große Weisheitslehrer „aufzuwachen". Doch die meisten vergessen dabei zu sagen und zu erklären, wie das aussehen soll, dieses „Aufwachen", wie das funktionieren soll und vor allem, wie das Stadium vorher aussieht und wie man sich dessen erst bewusst werden kann.

Wenn ich aufwachen soll, muss ich mir zunächst einmal darüber bewusst werden, dass ich schlafe. Und ich muss lernen, den Unterschied zwischen Schlafen und Bewusstsein zu erkennen und zu bestimmen. Ich muss genau wissen, wann ich schlafe und wann nicht und wie ich diesen Zustand herbeiführen kann. Das genau bedingt eben auch die Analyse der aktuellen Situation und das Lernen, wie man sich von einer falschen Identifikation, einer falschen, künstlichen Anhaftung, einem falschen, künstlichen Bildnis - eben auch von sich selber - frei machen kann.

## 2. Die Crux mit der Persönlichkeit

Dieses künstliche Bildnis heißt Persönlichkeit und wird von unserer oberflächlichen Konsumgesellschaft offenbar hoch geschätzt. *„Dieser Mann, diese Frau hat Persönlichkeit!“* Oder noch schlimmer: *„Er/Sie ist eine strahlende Persönlichkeit!“* Persönlichkeit ist nichts anderes als ein Bild von uns selbst, das wir uns und anderen vermitteln wollen. Das sich zusammensetzt aus vielerlei Ingredienzien - Überzeugungen, Standpunkten, Statussymbolen, körperlichen Attributen, Charaktereigenschaften - das wir anderen vorsetzen oder vorspiegeln, damit sie auf eine Weise auf uns reagieren, die uns ein Wohlbefinden verschafft.

Je nach Situation, Ort und Anspruch/Zielsetzung kann dieses Bild der Persönlichkeit variieren oder sich sogar gänzlich ändern, im krassesten Fall erkranken und in sein völliges Gegenteil fallen, dann sprechen wir von einer gespaltenen Persönlichkeit, was dann einer psychotischen Störung entspricht.

So verfügt jeder von uns über einen ganzen Strauß von Persönlichkeiten, eine ganze Sammlung von Bildern, einen ganzen Schrank voller verschiedener Kleider, derer wir uns je nach Situation bedienen.

So wie unser Körper aus einer Vielzahl von Zellen besteht, so sind wir vergleichsweise auch hier nicht nur einer, sondern viele. Über diese Vielen haben wir schon lange den Überblick verloren. Genau wie über unsere Gedanken haben wir auch keine Kontrolle über unsere sogenannten Persönlichkeitsanteile. Wir sind uns nicht im Klaren darüber, wer gerade Regie führt und das Sagen hat und welche Konsequenzen das für uns hat. Es ist wie mit einem großen Haus, das der Herr verlassen hat und in dem die Diener jetzt abwechselnd das Sagen haben. Die Katze ist aus dem Haus und schon tanzen die Mäuse auf den Tischen. Beobachten Sie einmal, wie viele Rollen Sie über den Tag verteilt spielen. Und schon das Wort „spielen" verrät ja, dass wir etwas vorgeben. Theater eben.

Das Leben ist ein großes Theater. Jeder spielt dem anderen unablässig irgendetwas vor und bekommt etwas vorgespielt. Und wie oft ist man dann niedergeschlagen, weil man sich im anderen „getäuscht" hat, in seinem Freund, Lebens- oder Geschäftspartner. Der sich plötzlich als etwas ganz anderes entpuppt hat. Während er oder sie in Wirklichkeit einfach nur in eine weitere Rolle geschlüpft ist. Jeder von uns ist zum Proteus geworden, der flugs seine Gestalt wechselt, wenn es ihm opportun erscheint.

Das Problem dabei ist der Automatismus. Wir schlüpfen eben nicht bewusst in diese oder jene Rolle, sondern es geschieht automatisch. Wir sind uns dessen gar nicht mehr bewusst. In dieser Situation reagieren wir eben so und spielen diese Rolle, in jener eine zweite. Es ist nichts anderes als ein Rollenschema, dem wir folgen. Und dabei glauben wir allen Ernstes, in jedem Moment Herr der Situation zu sein. Sind wir aber eben nicht, weil wir nicht bewusst beteiligt sind. Es sind unsere unzähligen Stellvertreter, die für uns handeln und auftreten. Die Diener stehen auf der Bühne statt des Herren, der schon lange in den Hintergrund gedrängt wurde und nicht mehr Herr seines eigenen Hauses ist.

Und so entsteht die groteske Situation, dass in dem gewaltigen Theaterstück, das wir alle permanent aufführen, Stellvertreter mit Stellvertretern kommunizieren und agieren, Diener mit Dienern, die sich als Herrschaft ausgeben, es aber nicht sind. Denn die wahre Herrschaft hält sich ohnmächtig und vom Spektakel, das anscheinend seine Richtigkeit hat, weil alle es so handhaben, eingelullt im Hintergrund und wundert sich nur manchmal, wieso es im Leben offenbar nicht immer so läuft, wie man es gerne hätte. Und versteht manchmal die Welt und sich selbst nicht, wenn man sich hinterher betroffen fragt, *„wie konnte ich nur so reagieren?“*

Und damit die „Herrschaft“ nicht auf dumme Ideen kommt, läuft nebenher auch noch das sogenannte Beschäftigungsprogramm ab. Eine wichtige Persönlichkeit muss beschäftigt sein. Mit überflüssigen Einkäufen, oft sinnlosen Hobbys oder zweihundert Fernsehkanälen, die das Abendprogramm füllen. Wenn die Zeit restlos ausgefüllt ist, fühlt man sich selbst auch ausgefüllt. Man ist beschäftigt. Der Kontrapunkt wird als Langeweile verstanden und die darf keinesfalls aufkommen, auch möglichst im Urlaub nicht, der heutzutage vor Aktivitäten nur so strotzt. Wer etwas „tut“, fühlt sich wichtig und ist der irrigen Meinung, dieses Tun brächte ihn voran.

Man kann seine Sinne nicht nur mit Alkohol, Psychopharmaka oder Nikotin betäuben, sondern auch mit Aktivitäten, die dann schnell und unbemerkt in Aktivismus übergehen.

Nicht das *„Tun“* ist ausschlaggebend, sondern das *„Sein“*. Nicht *„Was tue ich?“*, sondern *„Was oder wer bin ich?“*. Diese grundlegendste aller Fragen (neben dem dazugehörigen *„Wohin gehe ich?“*) lässt sich recht einfach beantworten: Finden Sie es selber heraus – als unbeteiligter Beobachter. Auch hier werden Sie bald die verschiedenen Rollen benennen und unterscheiden können, die Sie spielen, und nach und nach Sinnhaftigkeit oder Sinnlosigkeit Ihrer Aktivitäten erkennen. Und wenn Sie mit Schrecken feststellen, dass das doch gar nicht Sie sind, der da spricht und auftritt, Sie doch im Grunde etwas ganz anderes tun oder sagen möchten, dann haben Sie erkannt: Es sind Ihre Diener, die da für Sie handeln und agieren und nicht Sie selbst. Und das ist der Zeitpunkt, einzuschreiten: Rufen Sie Ihre Diener zur Ordnung, gebieten Sie ihnen Einhalt, verweisen Sie sie in ihre Schranken oder besser gleich ganz aus dem Haus. Sagen Sie sich und zeigen Sie es auch allen anderen, dass Sie ab heute wieder selber der Herr im Haus sind und nur noch das geschieht, was Sie selber wollen und Sie für gut und richtig befunden haben.

Schauen Sie Ihr Leben, Ihren Beruf, Ihre Freunde, Ihre Aktivitäten, Ihren Besitz, alles das, was Ihr Leben bisher ausgemacht hat, unter diesen neuen Kriterien an: *„Macht mir das wirklich und wahrhaft Freude?“ „Brauche ich das wirklich?“ „Fühle ich mich wirklich wohl dabei?“ „Was belastet mich dabei?“ „Was macht mich schwer?“ „Was könnte es leichter machen?“ „Was ist der Preis für dieses und jenes und bin ich wirklich bereit, ihn dafür zu zahlen?“*

*„Wie sieht das für mich aus, wie wirkt das auf mich, wenn tatsächlich* ***ich*** *handle und spreche und nicht einer meiner Stellvertreter?“ „Wie fühlt sie sich an, diese Wahrhaftigkeit? Belastet es mich,* (längst fällige?) *unbequeme Wahrheiten auszusprechen oder erleichtert es mich?“*

Lassen Sie Ihrer Fantasie freien Lauf, schreiben Sie alles auf - und mag es noch so verrückt klingen. Das Leben ist das größte Abenteuer überhaupt, also machen Sie es doch zu Ihrem größten Abenteuer. Sie sind nicht dazu da, es Ihrer Umgebung recht zu machen, immer Rücksicht zu nehmen und ein Leben aus Kompromissen zu führen. Oder ein Leben aus zweiter Hand, aus Bildern von Kino und Fernsehen, aus Zeitungen oder Träumen, die man sich erfüllen möchte: Wenn erst...

Machen Sie ein Spiel daraus und üben Sie es. Benennen Sie Ihre Rollen, geben Sie Ihrem Diener und Stellvertreter einen Namen, legen Sie sie schriftlich nieder, nehmen Sie sie liebevoll an (jeden einzelnen für sich) und lassen Sie sie dann los. Jetzt benötigen Sie sie nicht mehr. Bedanken Sie sich für ihre wertvolle Mithilfe und entlassen Sie sie.

Fügen Sie stattdessen Ihren eigenen Namen ein. Ab jetzt spielen Sie wieder die Hauptrolle! Bringen Sie keinem Ihrer dienstbaren Geister, keiner Ihrer Rollen negative Gefühle entgegen und unterdrücken Sie auch keine. Nehmen Sie alles und alle in Liebe an und lassen Sie sie dann frei.

Und je mehr Sie üben, je besser Sie werden, je mehr Erfahrungen Sie machen, desto mehr wird abfallen von diesem künstlichen Panzer, den Sie und andere im Laufe der Zeit geschaffen haben, und unter dieser Schale wird sich etwas herauskristallisieren, das so ganz anders ist. So anders und trotzdem bekannt, von dem Sie mehr und mehr fühlen und irgendwann auch wissen: Es war schon immer da, nur verschüttet, und es das ist, was Sie wirklich sind und immer schon waren: Ihr wahres Ich. Zeitlos und unbefleckt von irgendeiner Prägung. Ihr wahres Selbst, Ihre Seele - nennen Sie es, wie Sie wollen - „Sie" eben.

Und wenn andere zu Ihnen sagen, sie hätten sich in letzter Zeit aber verändert, dann wissen Sie, Sie sind auf dem richtigen Weg. Nicht auf dem Weg, irgendetwas zu suchen, wohlgemerkt, sondern auf dem Weg zurück zu sich selbst. Denn nur das gilt es zu finden, das ganz allein. Und das liegt nicht irgendwo dort draußen, sondern ist schon immer in Ihnen, Sie haben es nur vergessen.

## 3. Das Auftauchen des spirituellen „Ich“

Die größte Gefahr bei diesem Prozess der „Freimachung“ ist das, was sich bei Zunahme einer entsprechenden Bewusstheit zwangsläufig heranbildet: das sogenannte spirituelle „Ich“, die „spirituelle Persönlichkeit“. Diese ist keinesfalls zu verwechseln mit Ihrem wahren „Ich“, Ihrem „Selbst“, der „Seele“, denn sie ist genauso ein Kunstprodukt, genauso eine Illusion wie das „Ego“, nur um vieles raffinierter. Das spirituelle „Ich“ ist dem „Ego“ bedeutend überlegen, es ist viel „bewusster“, es versteht die Mechanismen, unterstützt Ihren Prozess des Fortkommens und verabscheut das oberflächliche und primitive Ego, das ihm dabei im Weg steht.

- Das sind all die Menschen, die stundenlang leidenschaftlich spirituell diskutieren, die sich gegenseitig bestätigen, wie bewusst sie schon sind, die die Welt und ihre Bewohner nunmehr von ihrem spirituellen Standpunkt aus bewerten und sich als „besonders“ fühlen, als privilegiert, als zu den wenigen Sehenden gehörig in diesem gewaltigen Jammertal der Blinden. Das spirituelle Ich ist ein Besserwisser und Wichtigtuer, ein eitler und eingebildeter Fatzke. Und er ist eine ebenso illusionäre Scheinpersönlichkeit, gewissermaßen ein „Erleuchteten-Ego“. Es gaukelt Ihnen vor, dass alles in bester Ordnung sei, Sie genau auf dem richtigen Weg wären und Fortschritte machten. Es schmeichelt Ihnen, macht Ihnen Komplimente, redet Ihnen gut zu. Es unterstützt Sie in Ihrem Ärger und Ihrer Verachtung Ihrem „normalen“ Ego gegenüber und sorgt für gute Gefühle, wenn Sie einen vermeintlichen Fortschritt auf Ihrem Weg erzielt haben. Es flüstert ein, es wäre Ihr Verbündeter, es lässt Sie sich gut fühlen, wenn Sie sehen, wie weit Sie gegenüber allen anderen bereits gekommen sind, es bestärkt Sie in allen Ihren *diesbezüglichen* Aktivitäten.

- ...„*Du hast heute noch nicht meditiert, komm, du weißt, doch, dass es dich weiterbringt, dass es dir guttut. Beobachte dich, schau, du bist schon wieder ins Unbewusste heruntergefallen. Ein wenig mehr Disziplin, bitte. Vergiss deine Begierden, du weißt doch, dass du sie transzendieren musst. Jetzt bist du schon so weit gekommen. Schau dir doch mal alle anderen an, diese armen Würstchen. Keine Ahnung. Tappen im Dunklen. Verschleudern ihr Leben. Das hast du hinter dir. Du fällst nicht mehr zurück. Du hast das System durchschaut. Kannst wirklich froh und stolz sein. Die Erleuchtung ist nicht mehr fern.*“

Sie werden automatisch ein solches spirituelles Ego produzieren, wenn Sie an Ihrem Bewusstseinsprozess arbeiten. Machen Sie sich nichts daraus, das ist ganz normal.

Wichtig ist dabei nur,

- dass Sie es bemerken,
- dass Sie es genauso liebevoll annehmen wie alle anderen Egos beziehungsweise Splitter Ihrer „Persönlichkeit“ und genauso liebevoll entlassen.

Begrüßen Sie Ihr spirituelles Ego lächelnd, wenn Sie es bemerken (und Sie werden es jetzt bemerken, seien Sie sicher), nehmen Sie es liebevoll an und dann entlassen Sie es ebenso liebevoll. Sie entlassen es, indem Sie ihm keine Beachtung schenken, keine Aufmerksamkeit, keine Energie. Wenn Sie Ihr Bewusstsein ganz auf sich selbst gerichtet lassen und einfach alles „zulassen“ und nichts „tun“. Bewusstsein kommt von „bewusst *sein*“. *Sein* und nicht *Tun*!

## 4. Der Unterschied zwischen Sein und Tun

Unserer allgemeinen Überzeugung nach müssen wir etwas tun, wenn wir etwas erreichen, etwas verändern wollen. Wir müssen handeln, irgendeine Maßnahme ergreifen, irgendeine Aktion unternehmen. Wir haben ein Ziel, und das allein zeigt schon, dass wir unseren Ist-Zustand ändern wollen, also mit dem Status quo unzufrieden sind. Wir wollen ein größeres Haus, ein schöneres Auto, mehr Geld. Also müssen wir etwas tun, um das zu erreichen. So haben wir das gelernt, so wird es uns tagtäglich vorgelebt. Also machen wir Pläne: Einsatzpläne, Umsatzpläne, Zielerreichungspläne. Wir stellen einen geeigneten Maßnahmenkatalog auf (wenn wir in vorgesetzter Stellung sind, auch für andere), wir schaffen Kontrollmechanismen und Gremien, die überwachen, ob diese Maßnahmen erfolgreich sind, wir setzen unsere Kraft dafür ein, einen Zustand X, mit dem wir (oder auch unser Chef, unsere Firma) nicht zufrieden sind, schnellstens in Zustand Y zu verwandeln. Wir fühlen uns gut dabei, unser Ego wird gestärkt, denn wir *tun* etwas. *Tun* wird in unserer Gesellschaft hoch geachtet. „Er ist ein Macher", „der unternimmt was", in der Industrie ist „Führungsstärke" gefragt, d.h. jemand, der den anderen sagt und zeigt, wo's langgeht und was sie zu *tun* haben.

*Tun* konzentriert sich also immer

- auf den Zustand, der verändert werden soll,
- auf die Maßnahmen, die diesen Zustand verändern sollen.

*Tun* will nichts Neues schaffen, sondern einen vorhandenen Zustand verändern, d.h. aus etwas Altem etwas Neues machen. Diese Ausgangssituation steht im Widerspruch zu den Mechanismen des göttlichen Resonanzgesetzes, wie Sie jetzt eigentlich sofort selbst erkennen müssten. *Tun...*

- ...zementiert den Status quo durch die Konzentration/das Bewusstsein auf den Zustand des Mangels/der Unzufriedenheit,
- verstärkt diesen Zustand unter Umständen sogar, da auch die Konzentration auf die zu ergreifenden Maßnahmen eben den vorhandenen Status im Fokus halten.

Mit *Tun* soll etwas bewirkt werden. Das Einzige, was jedoch bewirkt wird, ist die Beibehaltung des Status quo oder bestenfalls die Erreichung eines Teilergebnisses. Dies ist allerdings meistens mit viel Mühe und Ärger und Aufwand verbunden und keinesfalls leicht und freudvoll. Auch dies ist ein Anzeichen dafür, dass es nicht der richtige Weg ist. Alles, was Mühe bereitet, alles, was einem schwerfällt, alles, was anscheinend „nicht so recht will", alles, was nur mit Zwang oder Druck bewerkstelligt oder „vorangebracht" werden kann, ist nicht der richtige Weg. Wenn man auf dem richtigen Weg ist - und dieser Weg kann nur aus dem Sein heraus beschritten werden, leicht und von selbst, niemals aus dem Tun -, fallen einem die Dinge leicht und vieles „geschieht wie von selbst".

Diese Erfahrung haben Sie alle sicher auch schon selbst einmal gemacht. Etwas bringt Freude und macht Spaß, und man hat das Gefühl, dass die Zeit wie im Fluge vergeht. Dies ist ein Zeichen dafür, dass man in sich ruht und die Konzentration voll und ganz auf das gerichtet ist, was man erschaffen möchte. Kinder spielen so, sie kennen das gar nicht anders, deswegen vergessen sie darüber auch die Zeit und alles andere um sich herum; Künstler, die in ihr Werk vertieft sind, auch.

All das geschieht aus dem *Sein* heraus, aus einem völligen Gewahrsam und Aufgehen in der Situation, einem Fließen mit dem Strom, mit der Energie gewissermaßen. *Tun* bedeutet Widerstand, Sein bedeutet Annehmen. *Sein* ist ein Zustand der Akzeptanz, des vollumfassenden Zulassens, Tun ein Zustand der Auflehnung gegen dieses Fließen beziehungsweise den Status quo.

*Tun* kann also ohne Weiteres als das genaue Gegenteil von *Sein* begriffen werden, es führt uns heraus aus unserer Mitte. Und wie wir inzwischen wissen, bedarf es zu einem kreativen Schaffensprozess *Bewusstsein*, also bewusst *„sein"* und nicht *„tun"*. Das göttliche Resonanzgesetz ist nicht dazu da (und so funktioniert das auch nicht), aus etwas Vorhandenem, mit dem man unzufrieden ist, etwas anderes, vermeintlich Besseres zu machen, sondern einzig und allein, etwas völlig neu zu schaffen. Sie definieren es, Sie füllen es mit Energie und Sie erwarten seine Manifestation in der von Ihnen gewünschten Form. Wenn Sie sich ein anderes, ein schöneres, Auto wünschen, dann leiten Sie mit dem göttlichen Resonanzgesetz einen kreativen Schaffensprozess ein, der ein Auto, ganz wie Sie es sich vorstellen, manifestiert und in Ihr Leben bringt. Es wird ganz neu erschaffen. Aus dem Nichts gewissermaßen. Vorher war es nicht da, jetzt ist es da. Ihr Bewusstsein liegt dabei ganz bei dem neuen Fahrzeug und nicht bei dem alten, mit dem sie unzufrieden sind. Wenn Sie sich auf Ihr „altes" Fahrzeug konzentrieren und sich überlegen, was Sie alles geändert haben möchten und was Ihnen alles nicht gefällt und welche Maßnahmen Sie ergreifen müssen, um diese Veränderung herbeizuführen, wird das göttliche Resonanzgesetz niemals in Ihrem Sinne funktionieren.

## 5. Das Problem des „Beschäftigtseins“

In diesem Zusammenhang ist es wesentlich zu verstehen, dass das *Sein*, von dem ich hier spreche, in diametralem Gegensatz steht zum weitverbreiteten und sogenannten Beschäftigtsein, einem sozusagen gewohnheitsmäßigen Tun, das mehr einem bedingten Reflex entspricht als einem bewussten Tun.

Dies muss verstanden werden. Der Unterschied zum Tun im *Sein* liegt darin, dass das Tun im Sein immer auf die jeweilige Situation bezogen ist, immer. Denn der Zustand des Seins bedeutet ja nicht, dass man leblos unter einem Baum sitzt und vor sich hin starrt, im Gegenteil. Das Tun im Zustand des *Seins* folgt eben automatisch aus diesem Zustand heraus beziehungsweise auf die jeweilige Situation bezogen. Auf das aktuelle Hier und Jetzt. Auf den momentanen Augenblick. Dieses Tun aus dem Sein heraus - wir können es auch Handeln nennen - hat nichts gemein mit dem beschäftigt-Sein, das von der jeweiligen Situation völlig unabhängig ist und auf diese auch keinerlei Rücksicht nimmt. Dies lässt ein Ruhen in sich selbst, den Zustand des *Seins*, nicht zu. Handlungen aus dem Sein heraus haben Ihren Grund und tieferen Sinn, Beschäftigungen niemals. Handlungen aus dem Zustand des Seins heraus sind spontan und frisch, Beschäftigungen niemals. Beschäftigungen sind alt, sie stammen aus der Vergangenheit, sie stehen im Widerspruch zum gegenwärtigen Augenblick. Ein Beispiel, das jedermann nur zu bekannt ist, soll dies verdeutlichen, das Essen:

- Wenn Sie hungrig sind und essen, dann ist das spontan und frisch, dann erfolgt die Handlung aus dem Zustand des Seins heraus. Sie erfolgt automatisch und entspricht dem

Bewusstsein des aktuellen Zustands. Das Essen ist deshalb eine sinnvolle, folgerichtige Handlung.

- Sind Sie nicht hungrig und essen trotzdem, dann ist das Beschäftigung. Die Aktion des Essens geschieht aus einem Reflex heraus, aus Gewohnheit oder Zwang, aber nicht aus dem natürlichen Bedürfnis nach Nahrung, das dem Hunger entspricht. Dieses Essen ist Beschäftigung, ist krankhaft.

Beschäftigungen lenken ab, sie führen einen heraus aus seiner Mitte, sie lullen einen ein, verleihen einem das Gefühl, etwas Wichtiges zu tun, verhindern, dass Sie in Ruhe und Gelassenheit dem Wahnsinn, der sie überall umgibt, ins Auge sehen können. Verhindern, dass Sie zu sich selbst finden. Und der Verstand findet sofort einhundert Begründungen dafür, warum diese oder jene Beschäftigung angeblich so eminent wichtig ist. Machen Sie sich nochmals klar: Eine Beschäftigung ist keine notwendige Handlung!

Geläufige Beschäftigungen sind:

- Gewohnheitsmäßiges Fernsehen, Zeitunglesen,
- Autowaschen,
- Engagement in Verbänden, Vereinen, Clubs o.Ä.,
- Stammtische, regelmäßige Freundeskreise,
- Rauchen,
- Reden,
- sogenannte Hobbys.

Sicherlich kennen Sie jede Menge Leute, die ständig beschäftigt sind. Diese Menschen sind getrieben, sie handeln niemals aus dem jeweiligen Augenblick heraus. Sie können es nicht aushalten, *nicht beschäftigt* zu sein, weil nicht-Beschäftigtsein für sie Stillstand bedeutet. Und Stillstand bedeutet Tod. Den Tod des Egos, das sie sich so mühsam aufgebaut haben, das zu erhalten und erstrahlen zu lassen sie alles tun, das Ego, diese Persönlichkeit, mit der sie sich zu hundert Prozent identifizieren, die alles für sie ist.

Beschäftigung dient also auch vor allem dazu, dieses Bild, diese Illusion von sich selbst immer wieder zu bestätigen und aufrecht – und am Leben zu erhalten. Überlegen Sie also über den Tag verteilt immer wieder: *Sind* Sie oder sind Sie gerade *beschäftigt*? Beschäftigung ist eine wunderbare Ausflucht (nennen Sie es von mir aus auch Schutzmaßnahme), sich die tatsächliche Situation nicht eingestehen zu müssen. In der Psychologie nennt man das Rationalisierung. Es kommt einer Zwangshandlung gleich. Laufe ich Gefahr, mich einer Situation, die für mich gefährlich, bedrohlich, unbekannt oder unbequem werden könnte, stellen zu müssen, ergreife ich die Handlung X - die Ersatzhandlung. Dadurch vermeide ich die Situation Z. Das bedeutet Rationalisierung.

Schauen Sie sich um: Die Menschen sind Meister im Rationalisieren. Im Tun ohne Sinn. Und das Schlimme dabei ist, dass die gesamte Energie, die eigentlich für das Handeln aus dem Sein heraus vorgesehen und dafür nötig wäre, sinnlos verpulvert wird. Die Energie, die Sie so dringend benötigen, um aus der Situation heraus bewusst und damit sinnvoll zu handeln, verpufft in sinnlosem Aktivismus. Das macht den Körper neurotisch und krank. Denn instinktiv spüren Sie vielleicht, dass Ihre mannigfaltigen Beschäftigungen nichts anderes sind als die Flucht vor sich selbst. Eine Droge, die süchtig und gleichzeitig krank macht.

# 6. Das Loslösen von Beschäftigungen

Das Loslösen von Beschäftigung geschieht durch:

- Selbstbeobachtung,
- Identifizierung der Beschäftigung,
- liebevolle Annahme,
- Loslassen der Beschäftigung,
- Zurückholen des Fokus/Bewusstseins.

Durch die Selbstbeobachtung (siehe Kapitel 1 „*Das Denken als Ursprung*") wird es Ihnen nicht schwerfallen, zu unterscheiden, wann Sie sich im *Sein*, also im sinnvollen Handeln aus der jeweiligen Situation heraus, befinden, oder im *Tun* beziehungsweise *Beschäftigtsein*. Identifizieren Sie dieses Tun als Beschäftigung und nehmen Sie diese liebevoll an. Betrachten Sie es wie ein Spiel: das Aufspüren von Beschäftigungen. Unterdrücken Sie nichts und ärgern Sie sich nicht, machen Sie sich keine Vorwürfe. Nehmen Sie die Beschäftigung als solche liebevoll zur Kenntnis, wie einen alten Mantel, den man immer noch trägt, obwohl er schon lange nicht mehr gebraucht wird. In dem Moment, da Sie die Beschäftigung als solche erkannt und liebevoll angenommen haben, können Sie sie loslassen. Sagen Sie sich: „Ich brauche Dich jetzt nicht mehr" und lassen Sie die Beschäftigung los.

Hören Sie damit auf und richten Sie Ihre Aufmerksamkeit auf sich selbst, nach innen, und werden Sie sich Ihres Selbst bewusst: Wie Sie sich jetzt gerade fühlen, welche Gedanken Ihnen durch den Kopf gehen, welche Emotionen Sie bewegen. Seien Sie ganz still und spüren Sie dem nach, beobachten Sie alles, was vor sich geht. Seien Sie liebevoll zu sich selbst.

Sie waren fehlgeleitet durch diese Beschäftigung, das sind Sie jetzt nicht mehr. Diese Beschäftigung ist abgelegt. Wenn Sie wollen, notieren Sie das in einem Notizbuch und machen einen Haken an die jeweilige Beschäftigung. Erledigt. Spüren Sie, wie die Energie wieder in Sie zurückfließt, wie kraftvoll Sie werden, wenn Ihre Energie nicht mehr von der Ersatzhandlung aufgefressen wird? Ein herrliches Gefühl der Kraft, der Ruhe und des Friedens.

Natürlich sollen Sie sich weiterhin mit Freunden treffen, Sie können auch gerne Mitglied in irgendeinem Club sein oder einem bestimmten Hobby nachgehen, durchaus auch rauchen und fernsehen. Dagegen ist nichts einzuwenden, sofern es in *vollem Bewusstsein geschieht*. Und genau hier liegt der Unterschied zur Beschäftigung. Wenn Sie aus purer Lust des Augenblicks heraus eine Zigarette rauchen wollen, dann tun Sie es. Aber tun Sie es bewusst. Genießen Sie sie mit vollster Aufmerksamkeit. Machen Sie ein Ritual daraus. Dies ist die herrlichste Zigarette auf der ganzen Welt. Genießen Sie jeden einzelnen Zug in vollem Bewusstsein. In diesem Augenblick gibt es nichts anderes als diese Zigarette. Im anderen Moment gibt es nur Ihre Freunde. In diesen neunzig Minuten gibt es nur dieses Fußballspiel. Wenn Sie bewusst und ganz gegenwärtig in diese Dinge hineingehen und tatsächlich darin sind, dann befinden Sie sich auch im Sein. Sie verlieren keine Kraft und Energie und können sich daran freuen wie ein kleines Kind. Sie spüren, wie Ihre Lebensenergie fließt, wie frisch und kraftvoll Sie sind. Alles andere ist mechanische Beschäftigung, bei der die Lebensenergie blockiert ist. Die den Körper auslaugt und müde macht.

Deshalb auch der derzeitige Boom von allen möglichen und unmöglichen Entspannungsmethoden. Das ist nichts anderes als der Drang, sich nach sinnloser Energievergeudung durch sinnlose Beschäftigung zu regenerieren. Ein Handeln aus dem Sein heraus ermüdet nicht. Oder es ermüdet auf gesunde Weise, wie man das bei Kindern kennt, die sich nach ausgiebigem Spielen einfach hinlegen und schlafen. Wir dagegen haben diese Fähigkeit schon lange verloren, benötigen Schlaftabletten, um einzuschlafen, oder einen Joga-Urlaub, um zu entspannen. Selbst eine sinnvolle Zeit der Stille und innerer und äußerer Regeneration, wie z.B. eine Zeit im Kloster, kann dann zur Flucht vor dem Leben geraten.

Es ist wichtig, sich selbst anzunehmen, so, wie man ist, sich der Verantwortung zu stellen. Sein Ego und seine Persönlichkeit zu identifizieren und loszulassen, seine sinnlosen Beschäftigungen einzustellen und zu sich selbst zurückzukehren. Aus dem Hier und Jetzt heraus zu leben, zu *sein* und nicht zu *tun*. Tun Sie Dinge, handeln Sie, wenn es sich danach anfühlt, wenn es sich für Sie jetzt in genau diesem Moment *richtig anfühlt*, und nicht, wenn Ihr Denken es Ihnen diktiert. Lebensfreude und Erfüllung ist nur im Hier und Jetzt möglich, weder in der Zukunft, noch in der Vergangenheit.

Beschäftigung hat ein Ziel, ist zukunftsorientiert und stammt selbst aus der Vergangenheit. Und sobald Sie das Ziel erreicht haben, ist ein neues da. Das nimmt niemals ein Ende. Beschäftigung ist ein reiner Selbstzweck, ein sich selbst am Leben erhaltender Automatismus. Und Sie sind der Hamster im Käfig, der das Rad am Laufen hält. Und ich frage Sie: Warum rennen Sie so? Wo wollen Sie hin? Durch das Suchen wird nur das Suchen gestärkt und damit wird das Suchen selbst zur Schranke, zum Hindernis.

Hören Sie auf zu suchen und *finden* Sie! Halten Sie sich das Bild von Michelangelo vor Augen, wie er seinen Marmorblock behaut, um den David zu enthüllen. Der David ist da, er existiert bereits, er hat immer existiert. Er war lediglich unter dem Marmor verborgen. Und Michelangelo tut nichts anderes, als ihn freizulegen. Er erschafft ihn nicht im eigentlichen

Sinne, er legt ihn frei. Er trägt all das Überflüssige ab, das den David zudeckt, das ihn bis dahin verborgen hat. Halten Sie es genauso. Tragen Sie all das Überflüssige ab, das Sie bis jetzt verborgen hat, das Ihre Göttlichkeit zudeckt. Hören Sie auf, anderswo zu suchen und machen Sie sich sofort daran, Ihren David freizulegen. Nur darauf kommt es an.

Sehr bald werden Sie die Welt mit anderen Augen sehen und werden sich der unzähligen unsinnigen Beschäftigungen bewusst, denen Sie sich bisher hingegeben haben, denen sich all die anderen Menschen unablässig hingeben.

Vielleicht ärgern Sie sich über Ihre Blindheit, über Ihre Dummheit, über all die vergebene wertvolle Zeit. Vielleicht sind Sie fassungslos angesichts des irrwitzigen, sinnlosen Geplappers, des schieren Lärms, der permanenten Reizüberflutung, die von allen Seiten auf Sie eindringt, der überzogenen Hektik, mit der die Menschen sich bewegen und agieren, der völlig sinnlosen Beschäftigungen, denen Sie mit großem Ernst und geringem Humor nachgehen, die Sie völlig in Anspruch nehmen und mit denen Sie Ihre Energie und Kraft vergeuden. „Ein Tollhaus", werden Sie sagen, „ein Irrenhaus". Aber halten Sie sich bitte vor Augen: Es ist nicht Ihre Sache, zu verurteilen, Sie sind nicht besser oder schlechter, nur weil Sie vielleicht über ein wenig mehr Bewusstsein verfügen und das Leben der anderen nicht Ihr Leben ist. Sie haben die Möglichkeit, sich Ihren eigenen kleinen Paradiesgarten zu schaffen und nur diejenigen einzulassen, die Sie auch wirklich zu sich rufen wollen. Und er kann friedlich, still und doch voller Energie und Kraft sein. Ein Hort der Ruhe und der Freude, egal wie laut, egal wie hektisch, egal wie verrückt es draußen auch immer zugehen mag.

Abschließend zu diesem Kapitel darf ich Ihnen das ergänzend an einem Sinnspruch aus dem Sanskrit verdeutlichen:

Achte gut auf diesen Tag, denn er ist das Leben –
das Leben allen Lebens.
In seinem kurzen Ablauf liegt alle Wirklichkeit und
Wahrheit des Daseins,
die Wonne des Wachsens, die Herrlichkeit der Kraft.
Denn das Gestern ist nichts als ein Traum
und das Morgen nur eine Vision.
Das Heute jedoch - recht gelebt -
macht jedes Gestern zu einem Traum voller Glück
und das Morgen zu einer Vision voller Hoffnung.
Darum achte gut auf diesen Tag.

## 7. Das Stadium des Zweifels

Wenn Sie so weit gekommen sind, werden sich die ersten Zweifel rühren. Sie werden sich Fragen stellen. Über die Sinnhaftigkeit Ihres Daseins. Über Ihre berufliche und persönliche Situation. Über Ihren Alltag. Über Ihren Partner, Ihre Familie, Ihre Freunde, Ihr Leben ganz allgemein. Das ist in diesem Stadium ganz normal. Lassen Sie sich dadurch nicht beunruhigen. Alles ist gut, so wie es ist.

Es gibt nichts zu bedauern und nichts, für das Sie sich Vorwürfe machen müssten. Sie sind exakt die Person mit exakt dem Umfeld, wie Sie es sich selbst geschaffen haben und wie es für Sie richtig war. Ihrem bisherigen Bewusstseinsstand entsprechend. Und das trifft nicht nur auf Sie zu, sondern auf alle Personen dieser Erde. Auf jeden Einzelnen dieser fünf oder sechs Milliarden Menschen. Jeder hat sich seine ureigenste Persönlichkeit, Erfahrungswelt, sein ureigenstes persönliches kleines Universum geschaffen, genau seinem Bewusstseinsstand entsprechend. Genauso, wie es für ihn richtig und angemessen ist. Nicht mehr und nicht weniger.

*„Keiner kann heraus aus seiner Haut"*, heißt es im Volksmund. Und auch hier hat der sogenannte Volksmund Recht.

Aber was ist diese Haut? Woraus ist sie gemacht? Wo kommt sie her? Kann man sie verändern, ist sie dehnbar oder statisch? Diese Haut ist ganz einfach der derzeitige Stand unseres Bewusstseins. Und je weiter wir unser Bewusstsein entwickeln, desto elastischer und durchsichtiger wird auch die Haut, die uns umgibt. Wie ein bewölkter Himmel, durch den zunächst nur einige Lichtschimmer fallen. Der aber nach und nach klarer und blauer wird, bis er in unbeflecktem Glanz gleißend blau erstrahlt. Viele verbringen ihr ganzes Leben unter einem gedrückten, wolkigen Himmel und schnappen nur hier und da vereinzelt einen Lichtstrahl auf; andere sind schon weiter und können die Wolken beobachten, wie sie über den blauen Himmel ziehen.

Wir können zwar nicht heraus aus unserer Haut, wir können sie aber verändern, dehnen, strecken, durchlässiger und transparenter machen, luftiger und offener, wir können uns unendlich viel Platz und Raum unter dieser Haut schaffen. Diese Kraft und diese Macht besitzen wir durch die Kraft und Macht unseres Bewusstseins. Und genauso, wie es falsch wäre, jetzt auf andere herabzuschauen, mit unserer neuen Erkenntnis zu prahlen oder uns Vorwürfe wegen unserer Vergangenheit zu machen, so falsch wäre es, an unserem Dasein zu verzweifeln oder die Sinnhaftigkeit dessen in Frage zu stellen.

Seien wir froh und dankbar und glücklich darüber, in der Lage zu sein, jetzt einen Blick hinter die Wolken werfen zu können, auch wenn wir jetzt plötzlich das Verlangen haben, mehr zu sehen, weiterzukommen, schneller voranzugehen, das, was immer noch an uns klebt, möglichst schnell loszulassen, hinter uns zurückzulassen und alles zu ändern - das

Fremdbestimmte, diese ganzen Automatismen loszuwerden. Ganz anders zu leben. Sinnvoller zu leben.

Diesen Ausgangspunkt erst einmal zu erreichen, der oftmals auch ein schmerzlicher ist, bildet die Grundlage für alles Weitere. Und wenn der Zweifel kommt – kein Problem, wunderbar. Sie sind darauf vorbereitet, Sie können ihn empfangen, wie einen längst angekündigten Gast. Akzeptieren Sie ihn, begrüßen Sie ihn, er gehört dazu. Aber schenken Sie ihm keine weitere Aufmerksamkeit. Verhalten Sie sich gleichgültig, geben Sie ihm keine Energie. Unterdrücken Sie nichts, aber bleiben Sie bewusst.

Denn Sie können sich darauf verlassen, dass Ihre Persönlichkeit und besonders Ihr Ego alles andere als begeistert sind, wenn Sie daran gehen wollen, die ersten zaghaften Schritte von „unbewusst“ nach „bewusst“ zu tun.

Ihr Ego wird Ihnen eine Menge Zweifel bereiten:

- *Was willst du denn eigentlich? Du bist gesund und erfolgreich. Du hast mehr Geld als viele andere und bist doch viel gescheiter als die meisten. Was willst du denn noch mehr? Willst du das vielleicht alles aufs Spiel setzen? Das Ganze ist doch eine Nummer zu groß für dich. Bleib an dem Platz, der für dich richtig ist; jeder ist da, wo er hingehört. In diesem Spiel hast du nichts zu suchen. Was, du willst Veränderung? Sei doch nicht blöd. Du hast doch alles unter Kontrolle, du hast doch alles im Griff. Es ist zwar nicht alles ideal, zugegeben, aber daran können wir ja arbeiten. Wenigstens bist du auf der sicheren Seite. Vergiss doch das ganze Geschwafel vom Sein. Willst du etwa unterm Boddhi-Baum sitzen, wie ehedem Buddha, und Däumchen drehen? Du? Da langweilt man sich ja zu Tode. Du bist doch ein Macher, einer, der die Dinge voranbringt, der wirklich etwas schafft. Sei froh, dass du so bist. Es gibt solche Menschen und solche. Bleib, wie du bist, du bist genau richtig so. Das glaubst du doch selbst nicht, was da erzählt wird! Schöpfer sein, alles ist möglich, Paradies etc. So ein Blödsinn. Schau dich doch nur um. Wenn das alles so einfach wäre... Genau das Gegenteil ist der Fall. Das siehst und erlebst du doch jeden Tag. Geh diesem Unsinn bloß nicht auf den Leim. Du willst doch wohl nicht so ein abgedrehter Esoteriker werden! Denk mal in Ruhe und vernünftig drüber nach.*

Nehmen Sie Ihre Zweifel, nehmen Sie das Geschwafel und die Einflüsterungen Ihrer Persönlichkeit, Ihres Unterbewusstseins, Ihres Ego zur Kenntnis, aber schenken Sie ihnen keine Energie. Damit wird ihnen jede Unterstützung entzogen, lenken Sie Ihre Aufmerksamkeit und Ihre Energie stattdessen um: in Ihr Vertrauen, in Ihre Liebe, in Ihre Zuversicht. Diese Energie ist genau dieselbe, die auch den Zweifel nährt und am Leben erhält, machen Sie sich das bewusst. Wenn Sie versuchen, den Zweifel abzuwehren, ihn zu bekämpfen, ihn zu unterdrücken, geben Sie ihm Aufmerksamkeit und Energie, dann wird er nur umso stärker. Oder er wird in Ihr Unterbewusstsein verdrängt, „rationalisiert", wo er weiter vor sich hin schmort und köchelt.

Je weniger Sie ihn beachten, desto schwächer wird er. Schwächer und schwächer, bis er irgendwann ganz verschwindet. Ein Blatt, das von selbst vom Baum fällt und fortgeweht wird. Ein Gast, der freiwillig Ihr Haus verlässt, da es für ihn dort nichts zu tun gibt. Die Türen stehen offen, niemand zwingt ihn zu gehen, und doch wird er Ihr Haus verlassen und weiterziehen, nämlich dorthin, wo man ihm Aufmerksamkeit entgegenbringt und ihn damit köstlich bewirtet. Und das trifft auf alle „negativen Gefühle" zu, wie Wut, Ärger, Hass etc.

Lassen Sie sie zu, unterdrücken Sie nichts, lassen Sie geschehen, was geschieht, aber geben Sie ihnen keine Aufmerksamkeit, keine Energie. Beobachten Sie von distanziertem Standort aus, aber dennoch voll bewusst, was geschieht.

## 8. Die Sinnhaftigkeit des Gesetzes

Die Grundlage für die weiteren Schritte beziehungsweise unser weiteres Vorankommen im Verständnis und einer sinnvollen Anwendung des Resonanzgesetzes bildet

1. die vorhergehende Erkenntnis der fehlerhaften Identifikation mit unseren Gedanken beziehungsweise unserer „Persönlichkeit",
2. die vorhergehende Erkenntnis über die Künstlichkeit dieser Persönlichkeit,
3. das Stadium der aufgrund 1. und 2. sich einstellender Zweifel.

Es ergibt nämlich überhaupt keinen Sinn, sich mit Hilfe der Mechanismen des göttlichen Resonanzgesetzes einfach wahllos und unüberlegt dieses und jenes zu wünschen oder zu erschaffen. Wobei es sich bei den gängigen Beispielen vornehmlich um materielle Güter handelt, wie ein neues Auto, einen Job mit doppelt so viel Gehalt, ein großes Haus oder einen hohen Scheck. Das kann ich mir zwar wünschen und vielleicht auch bekommen, aber ich bin und bleibe derselbe Mensch wie vorher. Außer, dass ich in einem großen Haus wohne, ein dickes Auto fahre und doppelt so viel verdiene wie vorher.

Für viele mag das eine materielle Verbesserung darstellen, zugegeben, aber ich will Ihnen durch die richtige Anwendung des Resonanzgesetzes letztendlich nicht zeigen, wie Sie zu einem größeren Haus, dickerem Auto und doppeltem Gehalt kommen, sondern wie Sie zu dem Bewusstsein gelangen, was wirklich und wahrhaftig für Sie wichtig ist und wie Sie dies dann erreichen. Der unbewusste Reiche unterscheidet sich vom unbewussten Armen nur über die Art seiner Traurigkeit, die er selber bestimmen kann.

Wenn Sie sich absolut darüber klar geworden sind, dass Ihr Lebensglück darin begründet liegt, in einer Fünfmillionenvilla zu wohnen und einen Fuhrpark voller italienischer Luxuslimousinen zu besitzen - bitte schön, wenn dies tatsächlich Ihr sehnlichster Herzenswunsch ist, spricht nichts dagegen, sich diesen mithilfe des Resonanzgesetzes zu verwirklichen. *„Geld allein macht nicht glücklich"*, heißt es. Unbestritten ist jedoch, dass materielle Sorgen einen krankmachen können, und die Ungewissheit, wie im bevorstehenden Monat die Miete bezahlt werden soll, kann auf Dauer die beste Partnerschaft zerrütten. Und längere Arbeitslosigkeit ist auch nicht dazu angetan, zu einem erfüllten und sinnreichen Leben beizutragen. Es ist also durchaus zweckmäßig und erstrebenswert, sein Leben auf eine solide finanzielle Grundlage zu stellen, um somit auch frei und unbelastet für Dinge zu sein, die einem vielleicht wirklich am Herzen liegen und die man nur in Angriff nehmen kann, wenn der notwendige finanzielle Rückhalt dafür geboten ist.

Oftmals sind materielle Wünsche aber auch Stellvertreter für einen tieferen Wunsch, der dahinter verborgen liegt oder den man meint, mit dem materiellen Aspekt seines Wunsches einfach und schnell erfüllen zu können. Deshalb ist es an dieser Stelle wichtig, sich auch einmal darüber klar zu werden, was hinter dem vorrangig materiellen Aspekt tatsächlich verborgen liegen kann, und sich dann darauf zu konzentrieren, den eigentlichen Wunsch zu verwirklichen anstatt des materiellen Mäntelchens. Wenn Sie Ihre Aufmerksamkeit auf die tatsächliche Essenz Ihres Wunsches richten, statt der materiellen Form, werden Sie schneller zum Ziel gelangen und auf weniger Widerstände stoßen.

Fragen Sie sich also:

- Was steckt hinter meinem Wunsch nach der großen Villa am Meer? Die Sehnsucht, am Meer, am Wasser zu leben? Viel Platz für eine Familie zu haben? Platz zum entspannten Arbeiten zu haben? In der Natur zu leben?

- Was steckt hinter meinem Wunsch nach einem Luxusauto? Das Bedürfnis nach Sicherheit beim Fahren? Der Wunsch, anderen imponieren zu wollen? Platz und Bequemlichkeit zu genießen? Die persönliche einfältige Freude an einem solchen Fahrzeug?

- Wofür wollen Sie den von Ihnen gewünschten Geldbetrag einsetzen? Um eine Urlaubsreise zu machen? Schulden zu bezahlen? Neue Möbel anzuschaffen? Sich einen Herzenswunsch zu erfüllen?

Wenn Sie sich über die Essenz Ihres Wunsches klargeworden sind, dann ersetzen Sie den Platzhalter - *Villa, Fahrzeug, Geldbetrag* - durch genau diese Essenz. Wünschen Sie sich und konzentrieren Sie sich darauf, ein Zuhause zu finden, das Ihrer Familie genügend Platz bietet, ein Fahrzeug zu suchen, das Ihrem Wunsch nach Sicherheit Rechnung trägt, und die Urlaubsreise zu buchen, die Ihrem Herzenswunsch am meisten entspricht. Je mehr Sie „hinter die Dinge" blicken, je mehr Sie Ihren Wünschen „auf den Grund" gehen, desto mehr wird sich Ihnen die Essenz dessen, was Sie sich tatsächlich wünschen und wonach Sie sich tatsächlich sehen, enthüllen. Also hinterfragen Sie Ihre Wünsche, bevor Sie sich an die Umsetzung mithilfe des göttlichen Resonanzgesetzes machen und ersetzen Sie die materiellen Platzhalter durch das, was tatsächlich dahinter verborgen liegt.

Der erste Schritt ist also immer der, sich darüber bewusst zu werden, wie Sie selber funktionieren, was Sie sind und was nicht. Was Sie wirklich wollen und brauchen und ersehnen und was nicht. Jetzt wissen Sie, dass Sie nicht Ihre Gedanken sind, dass Sie sich nicht mit dem identifizieren müssen, was Sie denken und wie Sie sich davon lösen können. Sie haben zwischenzeitlich ohne Zweifel als unbeteiligter Beobachter einige revolutionäre und tiefgreifend berührende Erfahrungen gemacht und sind in der Lage, sich selbst und Ihre Bedürfnisse kritisch zu hinterfragen und unter die Lupe der distanzierten Beobachtung zu nehmen.

Der zweite Schritt ist das Erkennen der künstlichen Beschaffenheit der sogenannten Persönlichkeit, ihre vielen Personalitäten und Ihre Identifikation mit diesen. Durch die Übung als unbeteiligter Beobachter haben Sie gelernt, sich auch davon zu lösen und „wahr“ und „falsch“, „autark“ und „künstlich“ zu unterscheiden und das Heft wieder selbst in die Hand zu nehmen.

Schließlich haben Sie Ihr Leben anhand der Zweifel, die sich aufgrund der gemachten Erfahrungen und Beobachtungen fraglos eingestellt haben, einer gründlichen Bestandsaufnahme und Überprüfung unterworfen und können reine Beschäftigungen von sinnvollem Handeln unterscheiden.

Deshalb ist jetzt - aber eben auch erst jetzt - davon auszugehen, dass Sie nunmehr wissen, was Sie wollen. Dass Sie eine einigermaßen klare Vorstellung davon haben, wer Sie wirklich sind, was Ihre Ziele und Wünsche sind, wie ein für Sie sinnerfülltes und damit befriedigendes Leben aussehen soll und welche Komponenten dazu notwendig sind und unter Umständen auch fehlen.

- Was ist Ihre Lebensaufgabe?
- Was glauben Sie, ist Ihre Bestimmung?
- Wie können Sie dazu beitragen, dass diese Welt ein Stückchen besser wird?
- Was können Sie wirklich gut, was bereitet Ihnen wahre Freude?
- Wonach sehnen Sie sich in der Tiefe Ihres Herzens?

Lassen Sie alles zu, was Ihnen dazu einfällt, bewerten Sie nicht, schließen Sie nichts aus. Schreiben Sie alles auf, schlafen Sie eine Nacht darüber und sehen Sie sich am nächsten Tag noch einmal an, was Sie aufgeschrieben haben. Achten Sie jetzt auf Ihre Gefühle, die Sie bei jeder Antwort begleiten. Wie fühlt sich diese und jene Antwort an? Wie weit entfernt sind und fühlen Sie sich von dem, was Sie wirklich möchten, Ihrem Herzenswunsch, Ihrem verborgenen Sehnen?

Sie wissen, dass Sie die Verantwortung für den Verlauf Ihres bisherigen Lebens ganz allein zu tragen haben, wissen aber auch, dass Sie die Chance haben, Ihr Leben in Zukunft so zu gestalten, wie es sich für Sie richtig und wünschenswert anfühlt. Gestern war gestern und heute ist heute. Das Leben, das Sie gestern geführt haben, hat für die Zukunft keine Bedeutung. Sie sind der alleinige Steuermann und Sie bestimmen ab heute, wohin die Fahrt geht.

Und diese Fahrt - das verspreche ich Ihnen - wird der interessanteste Ausflug Ihres ganzen Lebens.

# 9. „Alles fließt", sprach Heraklit

Der griechische Philosoph Heraklit (geb. um ca. 540 v. Chr.) erkannte bereits Jahrhunderte vor unseren modernen Physikern, dass die Welt nichts „Festes" ist und die ganze Schöpfung einem kontinuierlichen Wandel unterworfen ist beziehungsweise sie überhaupt einen einzigen fortwährenden Wandlungsprozess darstellt. *„Panta rhei", „Alles fließt"*, sagte er dazu und stellte damit die gängige Realitätswahrnehmung zutiefst in Frage.

Heute wissen wir, dass Heraklit Recht hatte. Es gibt nichts wirklich „Festes", die Materie lässt sich weiter und weiter und weiter in immer winzigere Bau- und Bestandteile zerlegen, bis nur noch die reine Energie übrig bleibt. Alles befindet sich in einem stetigen Fluss, *„Alles fließt, alles schwingt"*, würde man heute dazu sagen. Energie ist Schwingung. Es gibt ihn, diesen natürlichen Fluss der Geschehnisse, diesen Fluss des Lebens. Wir alle erzeugen ihn.

Der einzelne Mensch hat nunmehr zwei Möglichkeiten:

- Er kann sich diesem natürlichen Fluss hingeben, ihn annehmen und sich tragen lassen.
- Er kann sich gegen die Strömung stemmen, Wider stand erzeugen, in Konfrontation gehen.

Immer, wenn wir uns im *Tun* befinden, immer, wenn wir nicht aus vollem Bewusstsein, aus absolutem Gewahrsam und der jeweiligen Situation heraus handeln, uns also nicht im *Sein* befinden, stellen wir uns dieser natürlichen Strömung, diesem übergeordneten Energiefluss entgegen. Deshalb haben wir das Gefühl, dass die Dinge „nicht so laufen" wie sie sollten, dass wir nur mit Mühe vorankommen und uns die Arbeit schwer fällt.

Wir zehren unsere Energien auf und empfinden Frust und Unerfülltheit. Wenn wir hingegen „im Fluss“ sind, fällt uns das Fortkommen leicht, wir kommen gut und schnell voran und schonen unsere Kräfte. Alles scheint „wie von selbst“ zu laufen, alles entwickelt sich „wie am Schnürchen“. Widerstand zu leisten führt nirgendwohin außer zu Frustration und Erschöpfung, und wie lange können Sie einem stetigen Strom diesen Widerstand entgegensetzen? Bis Sie restlos erschöpft und ausgelaugt sind? Sie können niemals gewinnen. Der Strom wird Ihretwegen seine Fließrichtung nicht ändern. Also kämpfen Sie nicht gegen den Strom an, sondern lassen Sie sich von ihm tragen. Vertrauen Sie sich ihm an. Sein Ziel ist auch Ihr Ziel:

- Vergegenwärtigen Sie sich, dass alles, was fest scheint, nicht fest ist, sondern sich vielmehr in einem stetigen Fluss befindet.

- Lösen Sie sich von Ihrer eingefahrenen Sichtweise und stellen Sie sich vor, wie alles fließt: Sie selbst, Ihre Umgebung, die gesamte Schöpfung: ein einziger großer (unsichtbarer) Energiestrom.

- Fühlen Sie dieses Fließen in sich selbst – diese Bewegung, dieses Kribbeln. Sie sind nicht fest, Sie sind ein Bündel von fließender Energie. Stellen Sie sich diese Energieströme vor, diese verschiedenen Farben, die permanent ineinander – und miteinander fließen.

- Und jetzt lassen Sie los. Wehren Sie sich nicht mehr, seien Sie vollkommen locker und entspannt und überantworten Sie sich dem großen, übergeordneten Energiestrom, stellen Sie ihm keinerlei Widerstand mehr entgegen. Lassen Sie ihn durch sich hindurchfließen; fließen und strömen Sie mit, lassen Sie Ihre Energien, Ihren eigenen Energiefluss aufgehen in diesem größeren, übergeordneten Strom.

- Vergegenwärtigen Sie sich dieses Bild mehrmals täglich und wiederholen Sie dabei diese Übung, so lange, bis Sie das Gefühl und die Gewissheit haben, automatisch „mit dem Strom" zu fließen.

Bald werden Sie feststellen, dass Verspannungen nachlassen, dass Sie sich leichter fühlen, dass Ballast von Ihnen abfällt, dass Sie sich beschwingter fühlen und „im Fluss sind". Seien Sie ganz sicher – Sie sind „im Fluss", Sie sind „in Resonanz"!

Denn auch hier kommt das göttliche Resonanzgesetz zum Tragen. In seiner äußersten Ausprägung: indem Sie selbst nämlich voll und ganz in Resonanz gehen („mitschwingen") zur Schwingung der Schöpfung. Erinnern Sie sich an das Beispiel im einleitenden Kapitel? Sie sind nicht getrennt, Sie sind nicht außenstehend, Sie gehören dazu, also „schwingen Sie mit"!

Den östlichen Philosophien nach ist Krankheit nichts anderes als ein Ungleichgewicht im Körper. Ungleichgewicht entsteht immer durch Spannung. Ein mit der Schöpfung fließender Mensch kann keine Spannung aufbauen, da nichts den natürlichen Fluss seiner Energien behindert.

Schauen Sie sich die Menschen in unseren westlichen Ländern an: Schon äußerlich zeigt sich dieses Spannungsfeld, in den Gesichtern, am ganzen Körper. Wie innen so außen. Diese Menschen sind verspannt, verkrustet, eingerostet. Abgestorben. Nicht mehr auf natürliche Weise lebendig. Plastikblumen. Der natürliche Lebensfluss ist gestaut und versiegt immer mehr. Bis zum traurigen Rinnsal. Versuchen Sie doch einmal, während Sie zum Beispiel morgens zur Arbeit fahren, jemanden zu entdecken, der wirklich fließt. Von dem Sie den Eindruck haben, er fließe mit dem Lebensfluss. Schauen Sie in die Gesichter, die Sie sehen, betrachten Sie die Körper, versuchen Sie, dieses natürliche Fließen zu entdecken. Was bei Kindern noch ausgeprägt vorhanden ist, haben die Erwachsenen sehr schnell verloren: den Fluss des Lebens. Also gehen Sie in Resonanz, nutzen Sie auch hier die wunderbaren Mechanismen und Möglichkeiten des göttlichen Resonanzgesetzes und fließen Sie mit. Lassen Sie sich fallen und strömen Sie mit. Und genießen Sie diesen vollkommen anstrengungslosen Tanz auf dem Lebensfluss.

## Übung 7
## Im Lebens-Fluss

Machen Sie es sich bequem, schließen Sie die Augen und entspannen Sie sich. Lassen Sie sich von Ihrem Aufzug hinabtragen, wie Sie das gelernt haben, und wenn sich die Aufzugtüren im Stockwerk minus fünf öffnen, tut sich vor Ihnen ein Weg auf, der Sie direkt zu Ihrem Lebensfluss führt. Sie gehen diesen Weg entlang, und da sehen Sie ihn, da taucht er auf vor Ihnen: Majestätisch schön, anmutig in seiner Breite und wunderbar klar, so fließt er dahin, Ihr Lebensfluss, und Sie treten an seine Ufer und tauchen eine Hand hinein. Das Wasser ist kühl, aber nicht kalt. Sie kosten davon: Es schmeckt wunderbar süßlich. Jetzt bekommen Sie Lust, zu schwimmen. Die Fließgeschwindigkeit ist nicht besonders hoch, sie ist genau richtig für Sie, und der Fluss ist auch nicht allzu tief. In seiner

Mitte können Sie gerade noch stehen. Durch den kiesig-steinigen Boden ist das Wasser herrlich klar und transparent. Vielleicht sehen Sie einige Fische, die am Grund umherschwimmen. Sie ziehen sich aus und steigen in den Fluss. Angenehm kühl umfängt sie das Wasser, sie spüren das Fließen und den Widerstand, den Ihr Körper dem Fluss entgegensetzt. Jetzt schwimmen Sie los, mal gegen die Strömung, mal mit der Strömung. Genießen Sie es und kosten Sie es aus. Schließlich legen Sie sich auf den Rücken und lassen sich treiben. Völlig anstrengungslos lassen Sie sich dahintreiben, leicht wie ein Stück Holz. Sie brauchen keine Angst zu haben: Der Fluss mündet in den Ozean, und den kennen Sie ja schon von Ihren Spaziergängen am Strand her und Ihren Ausflügen ins Meer. Lassen Sie sich so lange schwerelos treiben, wie Sie dazu Lust haben. Wenn Sie das Gefühl haben, dass es genug ist, schwimmen Sie ans Ufer und gehen den Weg, der sich Ihnen auftut, zurück zum Aufzug. Oder Sie lassen sich bis in den herrlich blauen Ozean treiben und gehen von dort über den Strand zurück – es liegt ganz an Ihnen. Sie können während Ihres schwerelosen Dahintreibens den Himmel beobachten oder die herrlichen Pflanzen, die Büsche und Bäume entlang dem Ufer, die voller Früchte und Beeren sind. Wenn Sie Lust dazu haben, dann pflücken Sie im Vorbeitreiben einfach ab, wonach Ihnen der Sinn steht. Alles ist im Überfluss vorhanden. Wenn Sie genug haben, können Sie sich auch am Ufer in die Sonne legen und sich von den Sonnenstrahlen trocknen lassen. Schließen Sie die Augen und lauschen Sie dem sanften Gluckern des Flusses. Spüren Sie die wärmenden Sonnenstrahlen auf der Haut. Es gibt nichts Schöneres.

# 10. Alles ist Liebe
# Liebe ist alles

Über die Liebe ist erschöpfend geschrieben worden und wird es wohl weiterhin bis zum Ende aller Tage. Doch das hat seinen Grund: Die Liebe ist das schönste aller Gefühle. Die Liebe ist ein Mysterium, die Liebe verleiht Flügel. Im Namen der Liebe werden die kühnsten Heldentaten begangen und die abscheulichsten Untaten verübt. Jeder Mensch sucht nach Liebe, benötigt Liebe. Ohne Liebe scheint das Leben nicht lebenswert, immer wieder geben Menschen aufgrund von „Liebeskummer" dieses Leben auf, weil es ihnen plötzlich wertlos erscheint.

In der Tat scheint die Liebe die Essenz unseres Lebens zu sein und deshalb unser Leben in hohem Maße zu beherrschen, vielleicht ihm auch überhaupt nur durch ihr Zugegensein einen Sinn zu verleihen. Was aber ist die Liebe wirklich? Wie wird sie erzeugt und wer erzeugt sie? Wo verbirgt sie sich, wenn sie nicht da ist, und wo kann man sie gegebenenfalls finden oder aufspüren? Wie sie sich zu eigen machen? Ist Liebe im Überfluss vorhanden oder ist sie ein knappes Gut, das wohlverteilt sein will? Und wenn, wie viel davon steht jedem Menschen zu? Kann man Liebe überhaupt dosieren? Welche Arten und Intensitäten gibt es und welche Bedingungen stellt die Liebe? Welche Kriterien muss ich erfüllen, um Liebe zu empfangen oder zu geben? Und hat das göttliche Resonanzgesetz vielleicht auch etwas mit der Liebe zu schaffen? Wenn denn die Liebe so ausschlaggebend für den Zufriedenheitsgrad mit unserem Leben ist, dann stellt sich die entscheidende Frage: Wie können wir denn mehr oder möglichst viel von ihr bekommen?

Und genau hier kommt das göttliche Resonanzgesetz zum Tragen.

Um in Sachen Liebe mit Hilfe des göttlichen Resonanzgesetzes erfolgreich zu sein, müssen Sie sich zunächst über einen ausschlaggebenden Sachverhalt klar werden:

- Liebe ist kein Gefühl, obwohl man sie fühlen kann. Sie ist ein *Zustand*.

Der Unterschied ist genau der gleiche wie beim *Sein* und *Tun*. Nur wer sich im Seinszustand der Liebe befindet, kann auch in Liebe handeln, Liebe ausstrahlen und Liebe spenden. Alles andere ist Augenwischerei, Täuschung, Kasperltheater. Wenn ich verliebt bin, wird dieser Zustand in mir hervorgerufen. Ich befinde mich mitten im *Sein*. Deswegen empfinden Menschen, die verliebt sind, auch völlig anders („rosarote Brille"). Sie sind auf ihren Zustand des Verliebtseins fixiert und den dazugehörigen Partner. Alles andere verliert an Bedeutung oder wird „ausgeblendet". Der Fokus und das Bewusstsein sind klar ausgerichtet. Allerdings - und das ist der feine Unterschied - wird dieser Zustand von „jemand", also von außen hervorgerufen. Wenn sich dieser „Jemand" ändert und nicht mehr meine Kriterien an ihn, die Grundlage meines Verliebtseinszustands waren, erfüllt, falle ich wieder in meinen alten Zustand zurück und das Verliebtsein hat ein Ende. Dieser Zustand des Verliebtseins benötigt also jemanden, einen „anderen",und ist demnach von diesem „anderen" und seinem Verhalten abhängig. Das Verlieren des Verliebseinszustands wird deswegen als so schrecklich empfunden, weil er wahrscheinlich einer der wenigen Augenblicke war, in denen sich die betroffene Person tatsächlich im Zustand des *Seins* befunden hat.

Das Verlieren dieses Zustandes kann ohne weiteres mit

einer Vertreibung aus dem Paradies verglichen werden. Und schuld ist natürlich der andere, der mir die Grundlagen dafür, nämlich Liebe für ihn zu empfinden, entzogen hat. Kein Wunder, dass sich wahre Dramen in diesem „Liebesentzugsspiel", diesem „Liebesjojo" ereignen. Das sich immer wieder aufs Neue wiederholt: mit wechselnden Partnern, aber unter den gleichen Gegebenheiten. Deshalb ist es zunächst wichtig zu verstehen und einzusehen, dass Liebe niemals unter der Prämisse einer Abhängigkeit entstehen kann. Benötige ich eine andere Person, um Liebe zu empfinden, mache ich mich automatisch von dieser Person abhängig.

Nicht umsonst sind die Forderungen nach diesbezüglicher Sicherheit: *„Du sollst mich ewig lieben"*, oder *„Bis dass der Tod euch scheidet"*, die natürlich barer Unsinn sind, denn die Liebe kann niemals gezwungen oder reglementiert werden, sondern entsteht aus sich heraus beziehungsweise in jedem Augenblick neu. Wahre Liebe ist bedingungslos, sie stellt keinerlei Ansprüche oder Forderungen. Im Gegensatz zu dem, was im tagtäglichen Liebesspiel üblich ist:

*„Wenn du dich so und so verhältst, kann ich dich lieben."*
*„Wenn du dich änderst und so und so bist, werde ich dich lieben."*
*„Wenn du mich liebst, liebe ich auch dich."*

Alle stellen wir tagtäglich eine Fülle an Bedingungen an unseren Liebespartner – und er an uns, und wir ärgern uns, wenn er diese nicht zu erfüllen bereit ist. Oder dass er Forderungen an uns stellt. Und wünschen uns vielleicht insgeheim unseren Traumpartner, unseren „König" oder unsere „Prinzessin", die genauso ist, wie wir sie uns wünschen und all das erfüllt, wie wir das gerne hätten. Diesen Menschen gibt es nicht, das ist pure Illusion. Niemand ist in der Lage, jemals für alle Zeit unsere Wünsche und Bedingungen zu erfüllen, die wir an ihn stellen würden. Wie kann ein anderer für mein Wohlergehen verantwortlich sein oder ich ihn dafür verantwortlich machen? Niemand kann das.

Der Fehler in der Überlegung liegt darin, dass wir im Draußen suchen anstatt das Drinnen zu verändern. Das Paradies gibt es nicht, außer wir schaffen es uns. Und das heißt, dass wir zunächst selbst in Liebe sein müssen. Nur wenn wir selbst in Liebe sind, in diesem Seinszustand der Liebe, der nicht von außen evoziert wird, sondern aus uns heraus kommt, werden wir Liebe geben können und einen Partner finden und anziehen, mit dem wir in gegenseitiger Unabhängigkeit in bedingungsloser Liebe leben können. „Gott ist Liebe“, heißt es. Wenn Gott Liebe ist, ist auch seine Schöpfung Liebe. Wenn ich Gott bejahe und annehme, muss ich auch seine Schöpfung, mich eingeschlossen, annehmen. Wenn ich das nicht tue, liebe ich nicht wirklich. Wie kann ich Gott annehmen, aber seine Schöpfung ablehnen? Wenn alles Liebe ist, wie kann ich auch nur den geringsten Teil davon zurückweisen? Wie kann ich irgendetwas oder irgendjemand von dieser Liebe ausschließen? Jesus hat das erkannt, gepredigt und vorgemacht, das allein war seine Botschaft, nichts anderes.

*„Gehet hin in Liebe!“* Das Gegenteil ist heute die Regel. Konkurrenzkampf, Neid, Missgunst, Hass – das sind die Zustände, in denen sich die meisten Menschen überwiegend befinden. Liebe suchen sie dennoch. Aber wie kann ich Liebe finden, wenn ich voller Neid und Missgunst und Hass bin? Denken Sie an das göttliche Resonanzgesetz!

Der wichtigste Punkt und erste Schritt ist also, alles, aber wirklich alles, in Liebe anzunehmen. Immer und überall: jeden Tag, jede Stunde, jede Minute. Es gibt nichts zu verurteilen, nichts zu kritisieren, nichts zu verbessern. Alles ist perfekt und komplett, so, wie es ist. Sie selbst, Ihre Mitmenschen, Ihre Umgebung, die ganze Welt. Bringen Sie sich Liebe entgegen. Bringen Sie Ihren Mitmenschen Liebe entgegen. Bringen Sie Ihrer Umwelt Liebe entgegen. Und wenn Sie es einmal nicht können, dann verzeihen Sie sich und lieben sich auch dafür.

Denn niemand ist perfekt, auch Sie nicht. Und „in Liebe annehmen“ heißt nicht „widerwillig akzeptieren“ oder „großzügig tolerieren“. Hier sind negative Gefühle im Spiel – dieser Unterschied muss deutlich gemacht werden – denn die Grundhaltung hinter dem widerwillig Akzeptieren und großzügig Tolerieren ist eine ablehnende, also negative. Sie unterdrücken Ihr wahres Gefühl und übertünchen es durch den Anschein von positivem Annehmen. Das ist heuchlerisch. Es ist falsch, es ist unwahr und es ist künstlich. Genauso wie die Leute, die grinsen, wenn sie Hass empfinden. Wenn Sie eine Situation oder irgendjemand nicht in Liebe annehmen können, dann lassen Sie es. Aber seien Sie ehrlich und tun Sie es mit vollem Bewusstsein. Wenn es Ihnen mehr und mehr gelingt, die Liebe aus sich heraus bei sich zu integrieren, jeden Tag ein wenig mehr, ist schon viel gewonnen.

Sie werden es bemerken; Sie werden es an sich selbst bemerken und an den Reaktionen der anderen. Das göttliche Resonanzgesetz tut auch hier seine wunderbare Wirkung: Was ich aussende, erhalte ich zurück, und es gibt nichts und niemanden auf der Welt, der Sie daran hindern könnte, Ihr Herz offen zu halten. Wenn Sie Liebe aussenden, erhalten Sie Liebe zurück. Und Liebe ist immer total, sie ist oder sie ist nicht. Wenn Sie sich also in einer Partnerschaft befinden, können Sie Ihrem Partner das allergrößte Geschenk machen, indem Sie alle Ihre Bindungen, Abhängigkeiten und Verhaftungen zu Ihrem Partner identifizieren, in Liebe annehmen und dann loslösen. Lassen Sie Ihren Partner in Liebe frei.

Es ist der einzige Weg...

- ...zur erfüllenden Einheit
  oder
- zum Auseinandergehen in Frieden.

Alles, was in Liebe „getan" wird, ist kein *Tun*, sondern ein *Geschehen*. Es geschieht aus sich selbst heraus, und genau darum ist es wahr und frisch und lebendig. Es fließt anstrengungslos, und Sie lassen es einfach zu. Lassen Sie es geschehen, lassen Sie es einfach zu. Alles, aber auch wirklich alles auf dieser Welt, wird entweder aus Liebe getan oder aus einem Mangel an Liebe. Deshalb ist das, was über das göttliche Resonanzgesetz geschaffen wird, entweder ein Ausdruck von Liebe oder eine Mangelerscheinung an Liebe. Deshalb: Was immer Sie „tun", tun Sie es in Liebe! Joseph Conrad hat vor langer Zeit einmal gesagt: *„Küsse sind das, was von der Sprache des Paradieses übriggeblieben ist."* Beherzigen Sie es.

Jetzt ist es so weit. Sie haben das göttliche Resonanzgesetz und seine Mechanismen kennengelernt und wie man mit ihnen umgehen und sie sich zunutze machen kann. Sie haben erfahren, was es heißt, *bewusst* zu *sein*, und warum Sie keine Angst davor empfinden müssen, Schöpfer zu sein, beziehungsweise wie Sie auch mit dieser Angst umgehen können. Dieses Rüstzeug befähigt Sie dazu, Ihre eigene Welt, Ihr persönliches Paradies, zu schaffen: die äußere Manifestation dessen, was Sie innerlich schon lange sind und schon immer waren. Vielleicht nicht sofort und sicherlich nicht auf einmal, aber Zug um Zug, nach und nach.

Je mehr Sie sich hingeben, je mehr Sie loslassen, je mehr Sie mühelos erschaffen und liebevoll annehmen, desto einfacher wird es, und die „Wunder" geschehen. Sie werden es erleben, Sie werden staunen, Sie werden es genießen. Und andere teilhaben lassen. Und damit zu Ihrem eigenen Wohle wie auch zum Wohle aller beitragen. Dann hat dieses Buch seinen einzigen Zweck erfüllt.

Aber grau ist alle Theorie, und theoretisches Wissen ist lebloses Wissen und deshalb vollkommen nutzlos; es ist eine bloße Anhäufung von Buchstaben, sofern es nicht mit Leben erfüllt, also gelebt wird. Das Einzige, worauf es ankommt, das zählt, das Einzige, was wirklich wertvoll ist, ist Ihre eigene praktische Erfahrung – die ***Anwendung*** und ***Umsetzung*** dessen, was Sie gehört, gesehen, gelesen haben. Das, was in Ihnen selbst blüht und wächst. Nur das allein zählt, nur das allein ist wahr und lebendig. Und dazu Ihr Mut und Ihr Vertrauen und Ihre Liebe zu sich selbst.

Das Großreinemachen liegt hinter Ihnen, das Gewitter hat alle Wolken vom klaren, strahlenden Himmel vertrieben, der Ihnen wie eine unbefleckte Leinwand zur Verfügung steht.

Jetzt liegt es einzig und allein an Ihnen. Legen Sie los. Toben Sie sich nach Herzenslust aus. Jetzt. Sofort. Zögern Sie keine Sekunde mehr. Sie haben ohnehin schon genügend Zeit verloren. Das größte, das faszinierendste, das wichtigste Spiel Ihres Lebens liegt vor Ihnen: Sie müssen es nur spielen. Denken sie immer an das Sprichwort *„Jeder ist seines Glückes Schmied"*, denn genau das ist es, das göttliche Resonanzgesetz. Jeder, aber auch wirklich jeder, ohne Ausnahme, hat es selber in der Hand, sein Glück zu schmieden. Die Werkzeuge sind bereitgestellt, die Bedienungsanleitung liegt vor: Es kann losgehen!

Jesus hat dazu gesagt: *„Wenn du auch nur den Glauben eines Senfkorns hättest, würdest du dem Berg sagen, er soll zur Seite gehen."* Wagen Sie den Sprung: Vertrauen Sie, Sie haben nichts zu verlieren. Denn, wer es nicht für möglich hält, dem entgeht das größte Glück, das das Leben zu geben hat.

*Achte auf deine Gedanken - denn sie werden Worte.*
*Achte auf deine Worte - denn sie werden Taten.*
*Achte auf deine Taten - denn sie werden dein Schicksal....*

*(jüdisches Sprichwort)*

*Oliver Rinaldi*, Jahrgang 1960, studierte Betriebswirtschaft und bekleidete verschiedene Führungspositionen in der Industrie.

Er gibt Kurse und Trainings in Kommunikation und Rhetorik, Motivation und Creative Writing.

Nebenbei schreibt er erfolgreich Kurzgeschichten, Romane und Drehbücher.

Mit 31 Jahren veröffentlichte er seinen ersten Roman, heute lebt Rinaldi als freier Schriftsteller, Drehbuchautor und Trainer am Bodensee und in Südfrankreich.

Oliver Rinaldi hält regelmäßig Trainings und Workshops über Wirkungsweise und Grundlagen des „Resonanzgesetzes" ab.

Für Kontakt oder nähere Information wenden Sie sich bitte an:
ommadawn@email.de

Maria Anna Schmitt

**Himmlische Engel Karten**

55 Karten
18,90 €

ISBN: 978-3-931723-40-8

Wir stehen in Resonanz mit den uns umgebenden Energien.

Die Künsterlin Maria Anna Schmitt hat diesen unsichtbaren Kräften mit ihrer Kunst ein Gesicht verliehen. Farbenfroh, heiter und anmutig ermuntern diese Karten den Betrachter. Unterstützende Texte können Antwort auf Fragen geben und bei der Entscheidungsfindung helfen.
Öffne dich dankbar für wohlwollende Hilfe aus dem Universum und vertraue deinem Lebensfluss.
Wir sind alle hier, um Lebensfreude und Glück zu erfahren.

## Mandala-Welten

Tauchen Sie ein in die fantastische Welt der Engel, Feen und Elfen. Entspannen Sie beim Ausmalen der bezaubernden Motive und beim Spiel mit Farben...
...nicht nur für Kinder

Schöpfen Sie Kraft aus der Ruhe

### Unsere Bestseller:

Maria Anna Schmitt
**Himmlische Engel Mandalas**
**- das besondere Mandalabuch -**
32 Engel-Motive mit Malanleitung, Farbdeutung, Farbtabelle und Erläuterungen über die Wirkungsweise der Farben.

ISBN: 978-3-931723-29-3

Maria Anna Schmitt/Jürgen Grasmück
**Feenzauber-Mandalas**
32 Motive mit Weisheiten aus der faszinierenden Welt der Feen

ISBN: 978-3-931723-20-0

Jürgen Grasmück/Maria Anna Schmitt
**Elfenwelten-Mandalas**
32 Motive mit Weisheiten zum Träumen und Glücklichsein

ISBN: 978-3-931723-03-3

je 10,90 €